BOOKKEEPING

初級簿記セミナー

岡部勝成 ―――――［編著］

新野正晶・堂野崎融 ―――［著］

中央経済社

はじめに

　簿記はビジネスシーンにおける「人・もの・金・情報」の動きを如実に表現する。その中で，本書は，はじめて簿記を学ぼうとする人のために，商業簿記の入門的な基礎知識を提供している。これまで簿記の予備知識が何もなかった人でも，独学で理解できるように細心の注意をはらい解説に努めている。とくに，大学では経済学部，商学部，経営学部等における初年次教育の履修必修科目あるいは選択必修科目である「簿記入門」，「初級簿記」，「簿記論」等における講義用テキストとして使用することを目的として書かれた。また，対象の企業は個人事業ではなく小規模の株式会社を前提としている。

　ここで大切なことは自動車の運転免許を取得し，その後どれだけ実際に運転をするのかが役立ちや安心・安全へとつながる。簿記も同様にテキストを読んで理解するだけでは不十分であり，いかに多くの問題が解けるかが実務で役に立つことになってくる。いわゆる簿記は，技能・技術の習得といわれる所以である。

　近年ではビジネスの世界に限らずグローバル化といった言葉がさまざまなところで使われ，共通言語である英語の重要性と同様に会計言語として共通言語で簿記の重要性も見直されている。

　本書が学生や社会人など多くの方々に簿記・会計の基本的な学習の参考書として活用され，その理解をいっそう深めてもらうのに役立ててもらいたい。そして，次のステージへの足がかりになることを期待している。

　ここで，簿記を修得するために必要だと思われる3項目を挙げると，以下のとおりとなる。

---

① **簿記の基礎知識を修得する必要性**
　　一定のルール，専門用語などの習熟
② **簿記を修得するための，継続と忍耐の必要性**
　　本書を精読し，仕訳問題や例題を継続して忍耐強く何度も解いて理解するとともに考える力を育む
③ **簿記の問題を解く際の正確さとスピードの必要性**
　　簿記の検定試験などにおいて計算や記帳の正確さとスピードが要求される

　なお，本書が小規模な株式会社を前提とした内容になっていることはすでに述べたが，必要最低限なものに絞り込み簡素化を図るべく，共著者の新野先生，堂野崎先生との間で活発な意見交換を通じて可能な限りの調整を行っている。また，本書の各担当章は，以下のとおりである。

岡部勝成：第1章, 第2章, 第3章, 第4章, 第8章, 第16章, 第17章, 第18章

新野正晶：第9章, 第10章, 第19章, 第20章, 第21章

堂野崎融：第5章, 第6章, 第7章, 第11章, 第12章, 第13章, 第14章, 第15章

　本書の出版に際しては，中央経済社・学術書編集部編集長の田邉一正氏にはたいへんお世話になっている。ここに記して心よりの御礼を申し上げたい。

2021年8月

編著者　岡部　勝成

■目次

《勘定科目一覧表》

貸借対照表項目			
資 産 （企業が所有する物や権利）		**負 債** （将来に返済しなければならない義務，債務）	
現金	立替金	支払手形	未払利息など未払費用の各勘定
小口現金	従業員立替金	買掛金	前受地代など前受収益の各勘定
当座預金	前払金	電子記録債務	従業員預り金
普通預金	未収入金	前受金	所得税預り金
普通預金○○銀行	仮払金	借入金	社会保険料預り金
定期預金	受取商品券	手形借入金	仮受消費税
定期預金○○銀行	差入保証金	役員借入金	未払消費税
受取手形	貯蔵品	当座借越	未払法人税等
売掛金	仮払消費税	未払金	未払配当金
クレジット売掛金	仮払法人税等	仮受金	
電子記録債権	前払保険料など前払費用の各勘定	**評価勘定（資産のマイナス勘定）**	
商品 ※	未収家賃など未収収益の各勘定	貸倒引当金	
繰越商品 ※	建物	減価償却累計額	
貸付金	備品	**純資産（資本）**	
手形貸付金	車両運搬具	資本金	
役員貸付金	土地	利益準備金	
従業員貸付金		繰越利益剰余金	
損益計算書項目			
費 用 （収益を得るために使われたもの）		**収 益** （物および労働力等を提供して得た対価）	
仕入 ※	消耗品費	商品売買益 ※	
売上原価	水道光熱費	売上 ※	
発送費	支払家賃	受取家賃	
給料	支払地代	受取地代	
法定福利費	保険料	受取手数料	
広告宣伝費	租税公課	受取利息	
支払手数料	修繕費	雑益	
支払利息	雑費	貸倒引当金戻入	
旅費交通費	雑損	償却債権取立益	
貸倒引当金繰入	固定資産売却損	固定資産売却益	
貸倒損失	保管費	**その他**	
減価償却費	諸会費	現金過不足	
通信費	法人税，住民税及び事業税	損益	
当期純利益（一会計期間（収益－費用）の金額）			

※印の商品売買の処理方法には，分記法と三分法があり，それぞれの関係する勘定科目を記載している。

第 **1** 章

企業の簿記

1 簿記の意味

　本書において，今から学ぶ簿記（ぼき）は，複式簿記（ふくしき）といわれ，今日のわが国を含め世界各国で広く使用されている。簿記は，本来，「ある事柄を帳簿（ちょうぼ）に記入（きにゅう）（記録）をすること」である。言い換えれば，「企業が簿記上の取引と認識すれば帳簿に記録をしなければならない」ものである。

　企業が帳簿をつける理由は，次の３つからなっている。

---

❶　もうけと経費（**経営成績**）を知る。
❷　財政（財産）がいくらあるか（**財政状態**）を知る。
❸　帳簿に記録したことをまとめて決算書を作る（**報告書の作成**）。

　以上のことから，一定のルールに従った組織的・秩序的な記帳方法をとる必要が出てくる。

　複式簿記とは，このような営業活動のすべてを一定のルールに従って，継続的・組織的に記録・計算・整理する簿記のことをいう。なお，ここでの一定のルールとは，商品の仕入れや給料の支払いなどのような経済的な出来事を，二面的に把握すること（二面的記入（複式記入）の原理）を意味する。

　たとえば，Ⓐが商品を現金でⒷから購入したとする。つまり，複式簿記では，１つの経済的な出来事を二重に記録するため，①帳簿記入や計算の誤りが自動的に検出される，②損益の計算（経営成績）と財産の計算（財政状態）が同時並行して行われることになる。

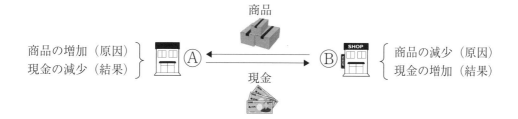

2 | 簿記の目的

複式簿記の主な目的には，企業が営む経済活動から生ずる利益を，①一定の期間を単位として，②貨幣金額的に計算することであり，これを「**期間損益計算目的**」という。

この「期間損益計算目的」は，次の3つに要約することができる。

❶ 企業の経済活動について歴史的・秩序的な記録をとること。具体的には，歴史的な記録は仕訳帳という帳簿に記録され，秩序的な記録は総勘定元帳という帳簿に記録される。
❷ 一定期間にどれだけの利益をあげたか（損益の状況），つまり一定期間の企業の経営成績を明らかにすること。これは，損益計算書によって報告される。
❸ 一定時点（期末）における企業の財産などの状況，つまり一定時点における企業の財政状態を明らかにすること。これは，貸借対照表によって報告される。

3 | 簿記の役割

複式簿記は，企業が営む経済活動の結果を正しくとらえることによって，次の7つのような役割を果たす。とくに，簿記の役割というのは，企業を取り巻くさまざまな利害関係者（企業外部・企業内部）に対して意思決定に役立つ情報を提供することである。

❶ 経営者が，株主に対して配当できる利益を計算することに役立つ。
❷ 経営者が，将来の経営方針や経営計画などを策定，ならびに企業経営することに役立つ。
❸ 債権者である金融機関（銀行）や取引先が，企業に融資をしたり，企業と商取引を行うときに，その適否を判断することに役立つ。
❹ 投資家や株主が，その企業の株式や債券を売買するときに，その適否を判断することに役立つ。
❺ 従業員が，給料や賞与，その他の労働条件の改善を要求することに役立つ。
❻ 国や地方公共団体に対する法人税，事業税，および住民税などの課税額を計算することに役立つ。
❼ 行政当局が，企業の生産物価格，たとえば，電気・ガス・水道などの公共料金の妥当性を判断することに役立つ。

4 ┃ 簿記の種類

簿記は，いくつかの観点から分類することができる。

(1)　記帳方法の相違による分類

①　単式簿記

金銭の収支や債権（さいけん）・債務（さいむ）などのごく一部の項目について，特別なルールによらない，簡単な方法で記録・計算・整理する簿記法をいう。備忘的（びぼう）な記録（メモ）のレベルであり，一面的記入が行われる簿記である。

②　複式簿記

すべての経済活動について，一定のルールに基づいて継続的・組織的に記録・計算・整理する簿記法をいう。原理が機構的に確立されており，二面的記入が行われている簿記である。

(2)　経済単位の性質による分類と業種の相違による分類

簿記には，企業の経営成績や財政状態を明らかにすることを目的としている企業簿記（営利簿記）と現金の収支および残高やその他の財産管理を目的としている非営利簿記に分けられる。

❶　企業簿記………商業簿記，工業簿記，銀行簿記，農業簿記，建設業簿記，など
❷　非営利簿記……家計簿記，官庁簿記，組合簿記，など

本書においては，これらのうち，複式簿記による営利簿記としての企業簿記（商業簿記）について説明する。

第2章

簿記のルール

1 簿記の要素

　簿記は，企業が行う日々の経済活動において，財政状態を，貸借対照表の資産・負債・純資産（資本）という要素に，経営成績を，損益計算書の収益・費用という要素に置き換えて記録・計算・整理する。つまり簿記は，資産・負債・純資産（資本）・収益・費用の5要素からなっている。また，簿記の目的は，一定時点における財政状態を貸借対照表で，一定期間における経営成績を損益計算書で明らかにすることである。

2 資産・負債・純資産（資本）

　一定時点における企業の財政状態を明らかにする表が，**貸借対照表**であり，財政状態とは，資産・負債・純資産（資本）の状態を意味する。

貸借対照表

資　産	負　債
	純 資 産 （資 本）

（1）資産

　企業が営業活動を行うため，それに役立つ物品や，将来一定金額を受け取る権利である債権などを**資産**という。資産には，現金・預金・商品・備品・車両運搬具・機械・建物・土地などの企業の所有する財貨と，売掛金・貸付金・未収入金などの債権である将来，一定の金額を受け取る権利などをもつことがある。これらの資産の合計金額を資産総額という。

資産	流動資産（すぐに現金化できる）	現金	紙幣や硬貨
		預金	銀行などへの預入金
		売掛金	商品の売上代金の未収分
		商品	販売目的として所有
		未収入金	商品以外のものの売却代金の未収分
		貸付金	元金の貸付金（返済を求める権利）
	固定資産（現金化に時間がかかる）	備品	営業上必要な椅子・机・パソコン・複写機など
		車両運搬具	営業上必要な乗用車・トラックなど
		建物	営業上必要な店舗・倉庫・事務所
		土地	営業上必要な店舗用・駐車用・倉庫用の敷地

(2) 負債

企業が将来，一定金額を支払わなければならない義務を**負債**という。負債には，買掛金・借入金・未払金などがある。これらの負債の合計金額を負債総額という。

負債	流動負債（早めに返さなければならない）	買掛金	商品の仕入代金の未払分
		短期借入金	銀行などからの現金の借入分
		未払金	商品以外のものの購入代金の未払分
	固定負債（返すまでには時間的余裕がある）	長期借入金	銀行などからの現金の借入分

(3) 純資産（資本）

純資産（資本）は単独には決定できず，資産の総額から負債の総額を差し引いた差額として求められることから，純財産や正味財産ともよばれ，負債を全額返済してもなお残る資産の額のことをいう。資産・負債・純資産（資本）の関係を等式で示せば，次のようになる。これを**純資産等式**という。

資産－負債＝純資産 ……純資産等式

純資産（資本）は，株主が出資した元手である資本金および資本剰余金，さらにこれらを活用して獲得した利益を企業に内部留保する利益剰余金から構成されている。

なお，本書では払込資本はすべて資本金とするため，払込資本のうち資本金に計上されなかった資本剰余金は扱わない。つまり，資本項目は資本金と利益剰余金のみの取扱いとする。

純資産	資本	資本金	株主からの払込による資本
		資本剰余金	
		利益剰余金	企業が獲得した利益による資本
	資本以外の純資産による評価・換算差額等など		

例1 株式会社福岡商店の ×1年4月1日の資産と負債は，次のとおりであった。資産総額，負債総額，および純資産の額を計算しなさい。

現　　金 ¥300,000　　商　　品 ¥350,000　　備　　品 ¥450,000
借　入　金 ¥450,000

〔解答〕

資産総額　¥1,100,000　　負債総額　¥450,000　　純資産の額　¥650,000

〔解説〕

現　　金 ¥300,000＋商　　品 ¥350,000＋備　　品 ¥450,000＝資産総額 ¥1,100,000

借　入　金 ¥450,000＝負債総額 ¥450,000

現　　金 ¥300,000＋商　　品 ¥350,000＋備　　品 ¥450,000－借　入　金 ¥450,000＝純資産の額 ¥650,000

3 貸借対照表

　一定時点における企業の資産・負債・純資産（資本）の財政状態を明らかにする表を，貸借対照表（Balance Sheet；B/S）という。純資産等式の左辺にある負債を右辺に移項すると次のようになる。これを**貸借対照表等式**という。これは，貸借対照表を作成する場合の基本等式となる。

資産－負債＝純資産……純資産等式
↓
資産＝負債＋純資産……貸借対照表等式

例2 例1の株式会社福岡商店の資産・負債・純資産（資本）から，×1年4月1日の貸借対照表を作成しなさい。

貸借対照表

株式会社福岡商店　　　　　×1年4月1日　　　　　（単位：円）

資　　産	金　　額	負債および純資産	金　　額

〔解答〕

貸借対照表

株式会社福岡商店	×1年4月1日			(単位：円)
資　　産	金　　額	負債および純資産	金　　額	
現　　金	300,000	借　入　金	450,000	
商　　品	350,000	資　本　金	650,000	
備　　品	450,000			
	1,100,000		1,100,000	

4 ｜ 資産・負債・純資産（資本）の増減と純損益の計算

　企業は継続して営業活動を営んでいるため資産・負債・純資産（資本）は常に変動している。とくに，企業では，一定期間（会計期間）ごとに貸借対照表を作成して，財政状態がどのように変化しているのか，を観察する必要がある。

　たとえば，1年間の営業活動の結果，純資産（資本）が¥70,000増加したとする。この増加分は，この期間の営業活動による純資産（資本）の純増加額（＝当期純利益）である。

　これを算式で示せば，次のようになる。

期末純資産－期首純資産＝当期純利益（または当期純損失）

　このように，純資産等式を用いて，期首の純資産と期末の純資産を計算し，純利益を計算する方法を**財産法**という。

　また，左辺の期首純資産を，右辺に移項すると，次のようになる。

期末純資産 ＝ 期首純資産 ＋ 当期純利益
↓
期末資産－期末負債 ＝ 期首純資産 ＋ 当期純利益

　さらに，期末負債を右辺に移項すると，ある期間の営業活動が終了した段階で作成する期末貸借対照表の基本等式が求められる。

期末資産＝期末負債＋期首純資産＋当期純利益

　この一連の流れを図表に表示すると，次のようになる。

期首貸借対照表
×1年4月1日

| 期首資産
¥1,100,000 | 期首負債
¥450,000 |
| | 期首純資産
¥650,000 |

経営活動 →

期末貸借対照表
×2年3月31日

期末資産 ¥1,070,000	期末負債 ¥300,000
	期首純資産 ¥650,000
	繰越利益剰余金 （当期純利益） ¥120,000

期末純資産 ¥770,000

例3 例2の株式会社福岡商店の資産・負債・純資産（資本）から，1年後の株式会社福岡商店の ×2年3月31日の資産と負債は，次のとおりであった。次の貸借対照表を作成しなさい。

現　　　金　¥400,000　　商　　　品　¥350,000　　備　　　品　¥320,000
借　入　金　¥300,000

貸借対照表

株式会社福岡商店		×2年3月31日	（単位：円）
資　　産	金　　額	負債および純資産	金　　額

〔解答〕

貸借対照表

株式会社福岡商店		×2年3月31日	（単位：円）
資　　産	金　　額	負債および純資産	金　　額
現　　金	400,000	借　入　金	300,000
商　　品	350,000	資　本　金	650,000
備　　品	320,000	繰越利益剰余金	120,000
	1,070,000		1,070,000

〔解説〕

現　　　金　¥400,000＋商　　　品　¥350,000＋備　　　品　¥320,000＝資産総額
　　　　　　¥1,070,000
借　入　金　¥300,000＝負債総額　¥300,000
現　　　金　¥400,000＋商　　　品　¥350,000＋備　　　品　¥320,000−借　入　金
　　　　　　¥300,000＝純資産の額　　　¥770,000（期首からの増減額¥120,000は当期純利益を
　　　　　　表す）

5 ┃ 収益と費用

　一定期間における企業の経営成績を明らかにする表が，**損益計算書**である。経営成績とは，一会計期間の収益・費用，およびその差額である当期純利益を明らかにすることを意味する。

損益計算書

費　　用	収　　益
当期純利益	

(1)　収益

　収益とは，営業活動の結果として純資産が増加する原因をいう。たとえば，物品（商品・製品など）の販売やサービスの提供によって企業が受け取る対価，いわゆる，企業が営業活動の結果として受け取る報酬のことをいう。

　簿記・会計では，現金の収入がなくても，商品を販売した，あるいはサービスを提供したという事実に基づいて収益を認識することになっている。これを**収益の実現**といい，商品を販売したときに収益が実現したとするところから，**販売基準**という。

　収益には，商品売買益，売上などのように主たる営業活動から生じる営業収益，ならびに受取手数料，受取家賃，受取利息などのように主たる営業活動以外の付随的な活動から生じる営業外収益もある。

　主な収益の勘定科目とその内容は，次のようになる。

収益	営業収益	商品売買益	商品を仕入原価を超える販売価格で販売した場合の売価と原価の差額
		売上	商品を仕入原価を超える販売価格で販売した場合の商品売買益と原価の合計
	営業外収益	受取手数料	取引の仲介などにより得た手数料
		受取利息	預貯金の利息や貸付金に対する利息
		雑益	通常の営業活動以外の原因から生じた少額の収益で，特定の勘定科目を設けるほど重要でない

(2)　費用

　費用とは，営業活動の結果として純資産が減少する原因をいう。つまり，収益を獲得するためにかかった経費の犠牲のことをいう。たとえば，収益を獲得するために，財貨やサービスを消費することによって価値が減少し，費用が発生する。このように収益を獲得するための財貨やサービスの消費のことを**費用の発生**という。最近の簿記・会計では，費用の発生は，必ずし

も現金の支出に関係なく，費用が発生したという事実に基づいて認識すること，これを発生主義による費用の認識という。

主な費用の勘定科目とその内容は，次のようになる。

費用	営業費用（販売費および一般管理費）	給料	雇っている従業員に支払った給料
		広告宣伝費	新聞の折込み広告やインターネットの広告など
		旅費交通費	従業員の出張旅費や電車・バス・タクシー代（バスカード，回数券）など
		通信費	電話代，郵便切手・葉書代，インターネットの通信代
		支払家賃	店舗，事務所や倉庫などの賃借料
		雑費	通常の営業活動から生じた少額の費用で，特定の勘定科目を設けるほど重要でないもの（新聞・雑誌代，茶菓子代など）
	営業外費用	支払利息	銀行などからの借入金に対する利息
		雑損	通常の営業活動以外の原因から生じた少額の費用，特定の勘定科目を設けるほど重要でないもの

(3) 純利益

純利益とは，単独には決定できず，一会計期間における商品・製品の販売やサービスの提供によって獲得した収益の総額からその収益を獲得するために要した費用の総額を控除した差額で算定されるものである。これを**損益法**という。損益法の特徴は，収益と費用との比較から当期純利益を計算する方法で，損益の発生原因や計算過程が明らかにされる。

このような算式を損益法等式という。これを算式に表すと次のようになる。

収益－費用＝当期純利益（マイナスのときは当期純損失となる）

6 損益計算書

一会計期間の企業の収益と費用の内容とその差額である当期純利益（＝経営成績）を明らかにする報告書を，損益計算書（Profit and Loss Statement；P/L）という。

前記の損益法等式を変形すると，**損益計算書等式**となり，損益計算書を作成する基本等式となる。

費用＋当期純利益＝収益……損益計算書等式

例4 株式会社福岡商店の ×1年4月1日から ×2年3月31日の収益と費用は，次のとおりであっ

た。次の損益計算書を作成しなさい。

商品売買益　¥150,000　　受取手数料　¥30,000　　給　　　料　¥40,000
雑　　　費　¥10,000　　支 払 利 息　¥10,000

損益計算書

株式会社福岡商店	×1年4月1日から×2年3月31日		（単位：円）
費　　　用	金　　　額	収　　　益	金　　　額

〔解答〕

損益計算書

株式会社福岡商店	×1年4月1日から×2年3月31日		（単位：円）
費　　　用	金　　　額	収　　　益	金　　　額
給　　　料	40,000	商品売買益	150,000
雑　　　費	10,000	受取手数料	30,000
支 払 利 息	10,000		
当期純利益	**120,000**		
	180,000		180,000

〔解説〕

商品売買益　¥150,000＋受取手数料　¥30,000＝収　　　益　¥180,000
給　　　料　¥40,000＋雑　　　費　¥10,000＋支 払 利 息　¥10,000＝費　　　用　¥60,000
収　　　益　¥180,000－費　　　用　¥60,000＝当期純利益　¥120,000

期末純資産－期首純資産＝繰越利益剰余金（当期純利益）　⇔　当期純利益＝収　　　益－費　　　用

¥770,000　－¥650,000　＝　¥120,000　　　一致　¥120,000　＝¥180,000－¥60,000

　当期純利益は，財産法と損益法の2つの方法により，同時並行的に算定され，おのおのの計算結果は必ず一致する。このことから，計算の正確性が自動的に検証できることになる。これを複式簿記の**自動検証機能**という。ただし，当期純利益は，貸借対照表においては，利益剰余金の一項目として繰越利益剰余金にて表示される。つまり，繰越利益剰余金は，配当金，利益準備金の処理前の当期純利益を表している。

第 3 章

取引と勘定

1 取引

　簿記上の取引とは，資産・負債・純資産（資本）の増減や収益・費用の発生・消滅をもたらす事象をいう。簿記上の取引は，一般にいう取引と一部異なっている。以下の図は，簿記上の取引と一般の取引の相違を示している。

←──────── 一般にいう取引 ────────→		
B：契約，注文	A：商品売買	C：盗難，紛失
	←──── 簿記上の取引 ────→	

A：　一般に取引といわれ，簿記上の取引に該当する。
　　　例：商品の売買，金銭の貸借，営業経費の支払いなど
B：　一般に取引といわれるが，簿記上の取引に該当しない。
　　　例：建物を借りる契約，商品の売買契約などの契約行為
C：　一般に取引とはいわないが，簿記上の取引に該当する。
　　　例：火災による建物の焼失，現金の盗難・紛失などによる資産の減少

2 勘定の意味と種類

　簿記では，取引が発生すると帳簿に記入する。その記入は，現金，商品，借入金，給料といったように，資産，負債，純資産（資本），収益，費用のそれぞれについて細かく分けて記録・計算する。この記録・計算の単位を**勘定**（a/c）という。そして勘定につけられた名称を

勘定科目という。たとえば，取引によって現金の増減が発生する。それを記録・計算するために現金という勘定科目を使用する。

　なお，勘定の記入法については次のとおりとなる。

①　資産の勘定

　資産は貸借対照表の借方に記載されるから，資産勘定は増加を借方に減少は貸方に記入する。

②　負債・純資産の勘定

　負債・純資産は，貸借対照表の貸方に記載されるから，負債・純資産勘定は，増加を貸方に，減少を借方に記入する。

③　収益の勘定

　収益は，損益計算書の貸方に記載されるから，収益勘定はその発生を貸方に記入する。

④　費用の勘定

　費用は，損益計算書の借方に記載されるから，費用勘定はその発生を借方に記入する。

　勘定を記録する形式は，一般にＴ字型を用い，借方（左側）と貸方（右側）の２つの区分を持っている。

(借方)	資　産	(貸方)
増　加 （＋）		減　少 （－）

(借方)	負　債	(貸方)
減　少 （－）		増　加 （＋）

(借方)	純資産	(貸方)
減　少 （－）		増　加 （＋）

(借方)	収　益	(貸方)
（消　滅） （－）		発　生 （＋）

(借方)	費　用	(貸方)
発　生 （＋）		（消　滅） （－）

第 4 章

仕訳と転記

1 仕訳

仕訳とは，取引を借方要素と貸方要素に分解し，借方と貸方の勘定科目と金額を決めることである。たとえば，売掛金￥5,000を現金で回収した場合を考えてみる。

現金（資産）の増加 ◄─────► 売掛金（資産）の減少

↓   ↓

（借）現　　金　5,000　　　　　　　　　　（貸）売掛金　5,000

　仕訳によって，取引をどのような勘定に記録すればよいかがわかるので，勘定への記入は仕訳された取引を単に移し変えるだけである。

例題 4 − 1　　次の取引の仕訳をしなさい。

6月3日　株式会社の設立にあたり1株当たり￥10,000で株式を100株発行し，発行価額の全額を資本金とした。

　5日　事務用パソコン￥150,000を買い入れ，代金は現金で支払った。

　7日　現金￥400,000を銀行から借り入れた。

　19日　給料￥50,000を現金で支払った。

　25日　商品売買の仲介手数料￥10,000を現金で受け取った。

　30日　雑費￥8,000を現金で支払った。

〔解答〕

6／3	（借）現	金	1,000,000	（貸）資 本 金	1,000,000
5	（借）備	品	150,000	（貸）現 金	150,000
7	（借）現	金	400,000	（貸）借 入 金	400,000
19	（借）給	料	50,000	（貸）現 金	50,000
25	（借）現	金	10,000	（貸）受 取 手 数 料	10,000
30	（借）雑	費	8,000	（貸）現 金	8,000

　簿記では，仕訳の重要性を表現する言葉に「**簿記は，仕訳に始まり，仕訳に終わる**」があ
る。これは，仕訳を誤れば，その後の手続に重要な影響を及ぼすことをいっている。
　仕訳をマスターするには，とにかく数をこなして慣れることが一番である。

例題 4 － 2　　次の取引を仕訳しなさい（ただし，商品売買の処理は三分法による）。
　(1)　商品を¥700,000で仕入れ，代金は月末に支払うことにした。
　(2)　収入印紙¥100,000を購入し，代金は現金で支払った。
　(3)　得意先より掛け代金¥6,000を現金で回収し，直ちに銀行の当座預金に預け入れた。
　(4)　電話料金¥100,000を当店の当座預金から支払った旨の通知を，取引先銀行から受
　　　け取った。

〔解答〕

(1)	（借）仕 入	700,000	（貸）買 掛 金	700,000
(2)	（借）租 税 公 課	100,000	（貸）現 金	100,000
(3)	（借）当 座 預 金	6,000	（貸）売 掛 金	6,000
(4)	（借）通 信 費	100,000	（貸）当 座 預 金	100,000

2 ┃ 転記

　転記とは，仕訳された借方の勘定の金額を，その勘定口座の借方に書き移し，仕訳された貸
方の勘定の金額をその勘定口座の貸方に書き移す手続きである。たとえば，「4月1日に株式
会社の設立にあたり1株当たり¥1,000で株式を200株発行し，発行価額の全額を資本金とした。
なお，現金¥50,000，当座預金¥150,000とした場合」を考えてみる。

　（仕訳）

（借）現 金	50,000	（貸）資 本 金	200,000
当 座 預 金	150,000		

（転記）

現　　金			
4/1　資本金　50,000			

当　座　預　金			
4/1　資本金　150,000			

資　　本　　金			
		4/1　諸口　200,000	

〔解説〕　相手勘定が2つ以上ある場合は，「諸口」と書く。

　簿記では，毎日の取引を仕訳により借方の勘定と貸方の勘定に分解して，各勘定に転記という手順で記録していく。記録は仕訳帳や総勘定元帳などの帳簿に行うことになる。そして，定期的に試算表（第9章）を作成し，これまでの仕訳や転記ミスがないかチェックを行う。

例題4－3　次の取引の仕訳をし，各勘定口座に転記しなさい（相手勘定科目の記入は省略する）。

1月1日　株式会社福岡商店の設立にあたり，1株当たり¥1,000で株式を50株発行し，発行価額全額を資本金とした。

　5日　銀行から現金¥150,000を借りた。

　15日　給料¥80,000を現金で支払った。

　25日　受取手数料¥70,000を現金で受け取った。

　30日　本月分雑費¥5,000を現金で支払った。

〔解答〕

1/1	（借）現	金	50,000		（貸）資　本　金		50,000
5	（借）現	金	150,000		（貸）借　入　金		150,000
15	（借）給	料	80,000		（貸）現　　金		80,000
25	（借）現	金	70,000		（貸）受取手数料		70,000
30	（借）雑	費	5,000		（貸）現　　金		5,000

現　　金			1
1/1	50,000	1/15	80,000
5	150,000	30	5,000
25	70,000		

借　入　金			4
		1/5	150,000

	資　本　金		5
	1/1	50,000	

	受 取 手 数 料		6
	1/25	70,000	

	給　　料		8
1/15	80,000		

	雑　　費		9
1/30	5,000		

第 **5** 章

商品売買（分記法・三分法）

1 分記法

　分記法<small>ぶんきほう</small>は，商品を仕入<small>しい</small>れた際，その仕入原価を商品勘定（資産<small>しさん</small>）の借方<small>かりかた</small>に記入する。そして，商品を売り上げた際は，その仕入原価を商品勘定の貸方<small>かしかた</small>に記入するとともに，売価<small>ばいか</small>と仕入原価の差額を商品売買益勘定（収益<small>しゅうえき</small>）の貸方に記入する方法のことである。

　分記法の長所は，いつの時点でも，これまでにいくら分の商品を販売したか，これまでに利益がいくら生じているかがわかることである。また，分記法の短所は，商品を販売するたびに，その商品の仕入原価を調べ，その結果，売買益がいくらになるか計算してからでないと仕訳<small>わけ</small>ができないことである。よって，取引件数の多い企業には不向きな記帳法である。

《分記法》

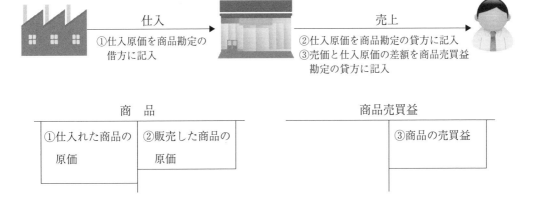

商　　品	
①仕入れた商品の原価	②販売した商品の原価

商品売買益
③商品の売買益

① 商品を仕入れたとき

例1 商品¥200（20個 ＠¥10）を仕入れ，代金を現金で支払った。

〔解答〕 （借）商　　　　品　　　200　　　（貸）現　　　　金　　　200

② 商品を販売したとき

例2 仕入原価¥10,000の商品を¥30,000で販売し，現金で受け取った。

〔解答〕 （借）現　　　　金　　30,000　　　（貸）商　　　　品　　10,000
　　　　　　　　　　　　　　　　　　　　　　　　商 品 売 買 益　　20,000

2 ┃ 三分法

　商品売買の仕訳方法として，分記法の短所により三分法が広く用いられている。**三分法**とは，商品の売買を3勘定を用いて表すもので，すなわち繰越商品勘定（資産），仕入勘定（費用），売上勘定（収益）の3つを用いて記帳する方法をいう。仕入時に原価で仕入勘定の借方に売上時に売価で売上勘定の貸方に記入するので，期中の仕訳を容易にすることができる。

《三分法》

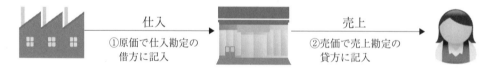

(a) 繰越商品勘定（資産）
(b) 仕入勘定（費用）
(c) 売上勘定（収益）

繰越商品	
前期の売れ残った商品の原価	

売　　上	
	当期の販売した商品の売価

仕　　入	
当期の仕入れた商品の原価	

①　商品を仕入れたとき

例3　商品¥200（20個　@¥10）を仕入れ，代金を現金で支払った。

〔解答〕　（借）仕　　　　　入　　　200　　　（貸）現　　　　　金　　　200

②　商品を販売したとき

例4　仕入原価¥10,000の商品を¥30,000で販売し，現金で受け取った。

〔解答〕　（借）現　　　　　金　　30,000　　　（貸）売　　　　　上　　30,000

例5　商品¥300,000を掛けで仕入れた。

〔解答〕　（借）仕　　　　　入　　300,000　　　（貸）買　　掛　　金　　300,000

例6　商品¥500,000を掛けで売上げた。

〔解答〕　（借）売　　掛　　金　　500,000　　　（貸）売　　　　　上　　500,000

例題5－1　次の取引を三分法で仕訳しなさい。

7月1日　7月1日現在の商品の手許有高は次のとおりである。

電卓　@¥1,800　200個

2日　株式会社山口商店より電卓を60個（@¥2,000）仕入れ，代金は掛けとした。

8日　株式会社広島商店に電卓40個を@¥2,500で売り渡し，代金は現金で受け取った。

14日　2日に仕入れた商品のうち，10個を品質不良のため返品した。

20日　株式会社兵庫商店に電卓30個を@¥2,600で売り渡し，代金は掛けとした。

〔解答〕

```
7/1   仕訳なし
  2  （借）仕        入   120,000   （貸）買  掛  金   120,000
  8  （借）現        金   100,000   （貸）売      上   100,000
 14  （借）買  掛  金    20,000   （貸）仕      入    20,000
 20  （借）売  掛  金    78,000   （貸）売      上    78,000
```

例題5−2　次の取引を三分法で仕訳しなさい。

6月3日　仕入先株式会社福岡商店より商品¥15,000を購入し，代金のうち¥10,000は現金で支払い，残額は掛けとした。

5日　仕入先株式会社福岡商店に対する買掛金¥50,000を現金で支払った。

8日　得意先株式会社佐賀商店に商品¥60,000を販売し，代金のうち¥20,000は現金で受け取り，残額は掛けとした。

27日　得意先株式会社佐賀商店に対する売掛金¥30,000を現金で回収した。

〔解答〕

6/3	（借）仕　　　入	15,000	（貸）現　　　金	10,000
			買　掛　金	5,000
5	（借）買　掛　金	50,000	（貸）現　　　金	50,000
8	（借）現　　　金	20,000	（貸）売　　　上	60,000
	売　掛　金	40,000		
27	（借）現　　　金	30,000	（貸）売　掛　金	30,000

3 分記法と三分法の違い

　仕入れた時の仕訳の例として，「商品を¥200で仕入れ，現金で支払った」の場合を考えてみる。三分法では，仕入（費用）で仕訳を行い，分記法では，商品（資産）で仕訳をする。このように両者の違いは，仕入れた時に費用で処理するか，資産で処理するかである。また，売上げた時の仕訳の例として，「¥200で仕入れた商品を¥250で売り，現金で受け取った」の場合を考えてみる。分記法では，商品を売るごとにその仕入原価を調べ，その結果，売買益が計算でき，いくら利益が出たかがわかる。しかし，商品が多くなると売るごとにいくら儲かったかを計算するのはとても手間がかかる。そこで後でまとめていくら儲かったかを計算しようというのが三分法である。

　商品売買の記帳については，分記法を用いるか，三分法を用いるかについては，勘定科目の指定によって指示される。

例題5−3　次の取引を(1)分記法と(2)三分法で仕訳しなさい。

4月2日　商品¥30,000を仕入れ，代金は現金で支払った。

5日　商品¥50,000（原価¥25,000）を販売し，代金は現金で受け取った。

〔解答〕

(1)　**分記法による場合**

4 / 2	（借）	商	品	30,000	（貸）	現	金	30,000
5	（借）	現	金	50,000	（貸）	商	品	25,000
						商 品 売 買 益		25,000

(2)　**三分法による場合**

4 / 2	（借）	仕	入	30,000	（貸）	現	金	30,000
5	（借）	現	金	50,000	（貸）	売	上	50,000

第6章

商品売買（値引きと返品）

1 値引き

① 仕入側

購入した商品に傷や欠陥があったので，仕入れた商品に対して支払うべき仕入代金から一定の金額を差し引いてもらうことがある。すなわち，取引成立時に合意した価格からいくらかの減額を仕入側が受け入れることを**仕入値引**（しいれねびき）という。

② 販売側

販売した商品に傷や欠陥があったので，商品代金を安くすることがある。すなわち，取引成立時に合意した価格から販売側がいくらかの減額に応じることを**売上値引**（うりあげねびき）という。

2 返品

① 仕入側

品違いや商品に傷や欠陥がある等の理由で，購入した商品を返品することがある。すなわち，仕入側が行う返品のことを**仕入戻し**（しいれもどし）という。

② 販売側

品違い（しなちがい）や商品に傷や欠陥がある等の理由で，販売した商品が返品されることがある。すなわち，販売側が行う返品のことを**売上戻り**（うりあげもどり）という。

■三分法による場合

① 仕入側の処理

例1　株式会社福岡商店より商品¥500を仕入れ代金は掛けとした。

〔解答〕（借）仕　　　　　　入　　　500　　　（貸）買　　掛　　金　　　500

例2　株式会社福岡商店より掛けで仕入れた商品¥500のうち，¥100を品違いのため返品した。

〔解答〕（借）買　　掛　　金　　　100　　　（貸）仕　　　　　　入　　　100

例3　株式会社福岡商店より掛けで仕入れた商品に汚損があったため，仕入先より¥50を値引きしてもらうことにした。

〔解答〕（借）買　　掛　　金　　　50　　　（貸）仕　　　　　　入　　　50

② 販売側の処理

例4　株式会社川崎商店に商品¥600を売上げ，代金は掛けとした。

〔解答〕（借）売　　掛　　金　　　600　　　（貸）売　　　　　　上　　　600

例5　株式会社川崎商店に掛けで売上げた商品¥600のうち，¥200が品違いのため返品された。

〔解答〕（借）売　　　　　　上　　　200　　　（貸）売　　掛　　金　　　200

例6　株式会社川崎商店に掛けで販売した商品に汚損があったので，¥20の値引きを行った。

〔解答〕（借）売　　　　　　上　　　20　　　（貸）売　　掛　　金　　　20

例題6-1　次の取引を三分法で仕訳をしなさい。

5月1日　商品¥300,000を掛けで仕入れた。

　　8日　掛けで仕入れた商品が破損していたので¥8,000の値引きを受けた。

　　22日　掛けで仕入れた商品¥6,000が品違いであったので返品した。

〔解答〕

5/1　（借）仕　　　　　　入　　300,000　　（貸）買　　掛　　金　　300,000
　8　（借）買　　掛　　金　　　8,000　　（貸）仕　　　　　　入　　　8,000
　22　（借）買　　掛　　金　　　6,000　　（貸）仕　　　　　　入　　　6,000

例題 6 − 2 次の取引を三分法で仕訳しなさい。

4月3日　商品¥50,000を仕入れ，代金は掛けとした。

　　7日　4月3日に掛けで仕入れた商品のうち，¥3,000を傷があったので，返品した。

　　10日　4月3日に掛けで仕入れた商品の一部に品質不良があったので，¥8,000の値引きを受けた。

〔解答〕

4／3	（借）仕	入	50,000	（貸）買 掛 金	50,000
7	（借）買 掛 金	3,000	（貸）仕	入	3,000
10	（借）買 掛 金	8,000	（貸）仕	入	8,000

例題 6 − 3 次の取引を三分法で仕訳しなさい。なお，勘定科目は次の中から最も適当なものを選ぶこと。

　　現金　　売掛金　　商品　　売上

4月8日　商品¥500,000（原価¥400,000）で売上げ，代金は掛けとした。

　　11日　4月8日に売上げた商品のうち，¥15,000（原価¥9,000）が品違いのため，返品されてきた。

　　20日　4月8日に売上げた商品について，¥18,000の値引きをした。

〔解答〕

4／8	（借）売 掛 金	500,000	（貸）売 上	500,000
11	（借）売 上	15,000	（貸）売 掛 金	15,000
20	（借）売 上	18,000	（貸）売 掛 金	18,000

例題 6 − 4 次の取引の仕訳をしなさい（ただし，商品売買の処理は三分法による）。

(1) 株式会社佐賀商店から掛けで仕入れていた商品100個（@¥1,000）のうち，5分の1が品違いのため，本日返品した。

(2) 株式会社長崎商店へ掛けで販売していた商品50個（原価@¥6,000，売価@¥7,450）のうち，5個が破損していたため，本日返品されてきた。

(1)

〔**解答**〕 （借）買　　掛　　金　　20,000　　　（貸）仕　　　　　入　　20,000

〔**解説**〕 @￥1,000×100個 $\times \dfrac{1}{5} = $ ￥20,000

(2)

〔**解答**〕 （借）売　　　　　上　　37,250　　　（貸）売　　掛　　金　　37,250

〔**解説**〕 @￥7,450× 5 個 ＝￥37,250

第7章

商品売買（当座取引・手形・送料）

1 当座取引

当座預金勘定（資産）は，銀行との当座取引契約に基づく無利息の預金である。当座預金勘定は，資産勘定なので増加した場合，（現金の預入れ等）は借方に記入し，減少した場合（小切手の振出し等）は，貸方に記入する。小切手を振り出すことで，企業は取引先等への支払いを銀行に代行してもらうことになる。このことで，企業内に多額の現金を保管しておく必要がなくなる。したがって，盗難などのリスクを回避できることから，無利息であるにもかかわらず企業に利用されている。

① 当座預金の仕組み

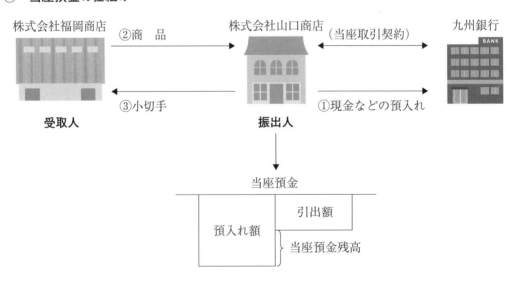

　株式会社山口商店は，銀行などの金融機関と当座取引契約を結び，①現金などを預け入れる。このとき，当座預金勘定の借方に記入する。その後，②株式会社福岡商店から商品を仕入れ，その代金の支払いのために③小切手を振り出した。この場合，株式会社山口商店を**振出人**，株式会社福岡商店を**受取人**という。小切手は，振出人が現金を預けている銀行を支払人として振り出すものであり，受取人が銀行に呈示すれば，銀行は振出人の当座預金口座から現金を支払うことになる。

②　当座預金に預け入れたとき

例1　銀行と当座取引契約を結び，¥30,000を預け入れた。

〔解答〕（借）当　座　預　金　　30,000　　　（貸）現　　　　　金　　30,000

〔解説〕　通貨や通貨代用証券を預け入れたときや振込みによる送金を受けたときは，資産の増加として当座預金勘定の借方に記入する。

③　当座預金を引き出したとき

例2　株式会社福岡商店の買掛金¥30,000について小切手を振り出して支払った。

〔解答〕（借）買　　掛　　金　　30,000　　　（貸）当　座　預　金　　30,000

〔解説〕　小切手を振り出したときや引き落としによる引き出しが行われたときは資産の減少として当座預金勘定の貸方に記入する。

2 ｜ 手形

(1)　手形の種類

　商品の売買取引を行った場合，代金の決済手段として，現金や小切手の他に手形が用いられる。手形には，**約束手形**と**為替手形**がある。手形の種類にかかわらず，通常の営業取引で発生した手形債権は受取手形勘定（資産）で処理を行う。また，手形債務は支払手形勘定（負債）で処理を行う。なお，ここでは一般的に実務で取引が最も多く行われている約束手形について説明する。

(2)　約束手形

　約束手形とは，手形の振出人が名宛人（受取人）に対し，約束した期日（支払日または，満期日）に受取人への手形代金の支払を依頼する証券である。約束手形の振出人は，手形を振り出すことによって手形債務者となり，名宛人はこれを受け取ることによって手形債権者となる。

① 約束手形を振り出したとき

〔例3〕 株式会社福岡商店は，仕入先株式会社山口商店から商品￥12,000を仕入れ，代金は株式会社山口商店を名宛人とする約束手形を振り出して支払った。

〔解答〕 （借） 仕　　　　入　　　12,000　　　（貸）支　払　手　形　　　12,000

〔解説〕 手形債務が発生するので負債の増加として支払手形勘定の貸方に記入する。

② 約束手形を受け取ったとき

〔例4〕 株式会社山口商店は，得意先株式会社福岡商店に商品を￥12,000で販売し，代金は株式会社福岡商店振出し，株式会社山口商店を名宛人とする約束手形￥12,000で受け取った。

〔解答〕 （借）受　取　手　形　　　12,000　　　（貸）売　　　　上　　　12,000

〔解説〕 手形債権が発生するので資産の増加として受取手形勘定の借方に記入する。

③ 約束手形の代金を支払ったとき

〔例5〕 株式会社福岡商店は，かねて株式会社山口商店宛に振り出した約束手形￥12,000が支払期日になり，当座預金から代金￥12,000が支払われた旨，関東銀行から通知を受けた。

〔解答〕 （借）支　払　手　形　　　12,000　　　（貸）当　座　預　金　　　12,000

〔解説〕 手形債務が消滅するので負債の減少として支払手形勘定の借方に記入する。

④ 約束手形の代金を受け取ったとき

〔例6〕 株式会社山口商店は，かねて取立てを依頼していた株式会社福岡商店振出しの手形￥12,000が支払期日になり，当座預金に代金￥12,000が入金された旨，関東銀行から通知を受けた。

〔解答〕 （借）当　座　預　金　　　12,000　　　（貸）受　取　手　形　　　12,000

〔解説〕 手形債権が消滅するので資産の減少として受取手形勘定の貸方に記入する。

3 送料

(1) 諸掛り

諸掛りとは，商品売買の際にかかる発送運賃や運送費，関税などの費用のことをいう。商品を仕入れる時にかかる費用を**仕入諸掛**といい，商品を売り上げた時にかかる費用を**売上諸掛**という。

⑵　諸掛りの処理

　株式会社福岡商店から¥500で商品を仕入れた。その際に発送費が¥200かかったので当社が支払ったとする。この場合，商品の値段は¥500であるが発送費も商品の値段（仕入原価）に含めてしまう。よって仕入原価は次のようになる。

$$
\underset{\text{（商品購入代価）}}{¥500} + \underset{\text{（発送費）}}{¥200} = \underset{\text{（取得原価）}}{¥700}
$$

①　仕入諸掛を支払ったとき

例7　株式会社福岡商店から商品¥300を仕入れ，代金は掛けとした。なお，取引費用¥20を現金で支払った。

〔解答〕（借）仕　　　　　　入　　　320　　（貸）買　　掛　　金　　　300
　　　　　　　　　　　　　　　　　　　　　　　現　　　　　金　　　　20

②　売上諸掛を支払ったとき

例8　株式会社山口商店に商品を¥600で販売し，代金は掛けとした。なお，発送費用¥50を現金で支払った。

〔解答〕（借）売　　掛　　金　　　600　　（貸）売　　　　　上　　　600
　　　　　　　発　　送　　費　　　　50　　　　　現　　　　　金　　　　50

〔解説〕　売上諸掛は，費用として処理するので発送費勘定（費用）で処理する。

第8章

仕訳帳と元帳

1 仕訳帳の意味と役割

仕訳帳は,仕訳を記入する帳簿である。また,すべての取引の仕訳を取引の発生順に記録する帳簿でもある。つまり,簿記の手続きは,取引⇒仕訳⇒転記の流れで行われる。この仕訳を記入する帳簿を仕訳帳という。次に,仕訳帳から各勘定口座へ転記を行う。

《簿記の手続きの流れ》

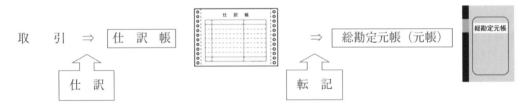

仕訳帳の役割は,企業が毎日行う取引を発生順に帳簿へ記録されるので,その帳簿を見ることによって,営業活動の内容を一目瞭然で把握することができる。仕訳帳は,企業の営業活動の歴史を示しており,取引の日誌としての役割を果たしている。このように,仕訳帳からは営業活動の内容を把握することができる。

仕訳帳は,元帳記入の基礎になり,これは元帳記入の仲介手段となる。勘定記入のルールに従って,発生した取引を,直接各勘定口座の借方・貸方に記入すると,勘定への記入の間違いや記入漏れが生じやすくなる。そのことから,発生した取引は,まず仕訳帳に仕訳し,その仕訳帳の記録に基づいて元帳への転記が行われる。このようにすることで,記入漏れや記入間違いを防ぐことができる。

2 仕訳帳の記入法

　仕訳帳は，企業のすべての取引を記入し，会計年度期末に締め切る。仕訳帳の形式には，並立式と分割式（標準式ともいう）がある。ここでは，分割式である標準式により説明する。それは次のとおりである。なお，仕訳帳の❶〜❹の番号は，下記記入方法を示している。

> ❶　日付欄には，取引が発生した月日を記入する。ただし，同じ日に２つ以上の取引があり，同一ページの場合には，次の取引から「〃」（ディットー）を付ける。
> ❷　摘要欄には，勘定科目と取引の内容を記入する。原則として，中央の左側に借方科目，次の行の右側に貸方科目をそれぞれ（　）を付ける。勘定科目が２つ以上（複数）ある場合には，勘定科目の上に「諸口」と記入する。また，勘定科目の次の行に「小書き」（取引の内容を簡単に記入する）を記入する。
> ❸　借方欄・貸方欄には，取引金額を記入する。
> ❹　元帳欄には，仕訳帳の仕訳を元帳の勘定口座に転記した場合，その勘定口座の番号または元帳のページ数を記入する。

　仕訳帳の記入をする際に，その他の注意すべき点としては次のとおりである。

①　１つの取引と次の取引の仕訳を区別するために，摘要欄には朱記の単線にて「区切り線」を引く。

②　たとえば，３日の取引のように，勘定科目が，借方が１つで貸方が複数の取引では，借方の勘定科目を貸方の「諸口」と同じ行に記入する。

③　１つの取引の仕訳を次ページにわたって記入してはいけない。

④　記入したページが終わって次のページに移る際，記入したページの最終行の借方欄と貸方欄の上部に朱記の「合計線」を引き，その下に借方欄・貸方欄の合計欄を記入する。また，摘要欄には「次ページ」あるいは「次頁」と記入する。とくに，摘要欄に余白ができるため，後で書き込みができないようにするため朱記の斜線にて「余白線」を引く。さらに，次のページの１行目の摘要欄に「前ページから」あるいは「前頁から」と記入するとともに，借方欄・貸方欄に前ページの合計金額を記入する。

⑤　一会計期間（一事業年度）のすべての取引の記入が終わった際には，借方欄・貸方欄に「合計線」を引いて，その下に合計額を記入する。最後に，合計額の下に朱記の複線の「締切線」を引くとともに日付欄にも「締切線」を引いて締め切る。

34

仕　訳　帳

1

×年		摘　　要	元丁	借　方	貸　方
1	1	（　現　　　金　）	1	3,000,000	
		（　資　本　金　）	10		3,000,000
		株式会社の設立にあたり株式発行			
	3	（　仕　　　入　）　　　諸　　口	13	500,000	
		（　現　　　金　）	1		300,000
		（　買　掛　金　）	7		200,000
		株式会社広島商店から仕入れ			
	15	諸　　口　　　　諸　　口			
		（　現　　　金　）	1	300,000	
		（　売　掛　金　）	2	250,000	
		（　売　　　上　）	11		550,000
		株式会社大分商店に売渡し			
		次ページへ		4,050,000	4,050,000

❶　　　　　　❷　　　　　　❹　　　❸

仕　訳　帳

2

×年		摘　　要	元丁	借　方	貸　方
		前ページから		4,050,000	4,050,000
1	31	諸　　口　　（　現　　　金　）	1		35,000
		（　水道光熱費　）	14	20,000	
		（　雑　　　費　）	15	15,000	
		水道光熱費と雑費の支払い			
				6,320,000	6,320,000

3 │ 元帳の意味と役割

　元帳は，勘定口座が設けられている帳簿である。すべての勘定口座を収容した元になる帳簿という意味で，**総勘定元帳**ともいう。

　元帳は，勘定ごとに増減・発生の記録・計算を行うための帳簿である。つまり，元帳には，資産・負債・純資産の増減高と収益・費用の発生高が示されており，これは勘定という細かく区分された記録・計算の単位に分解して記録されているため，勘定ごとの現在高を知ることができる。

　また，元帳の勘定記録に基づいて，損益計算書・貸借対照表が作成される。

● 元帳上の収益勘定・費用勘定　　　　⇒　損益計算書の作成
● 元帳上の資産勘定・負債勘定・純資産勘定　⇒　貸借対照表の作成

　さらに，元帳と仕訳帳をあわせて，**主要簿**といい，必要に応じて設けられるその他の帳簿を**補助簿**という。補助簿には，補助記入帳（現金出納帳，仕入帳，売上帳など）と補助元帳（商品有高帳，売掛金元帳，買掛金元帳など）がある。前者は，特定の取引の明細を発生順に記録し，後者は，特定の勘定についての明細を口座別に記録したものである。

　主要簿と補助簿に関して，具体的に使われている例を示すと次のとおりとなる。

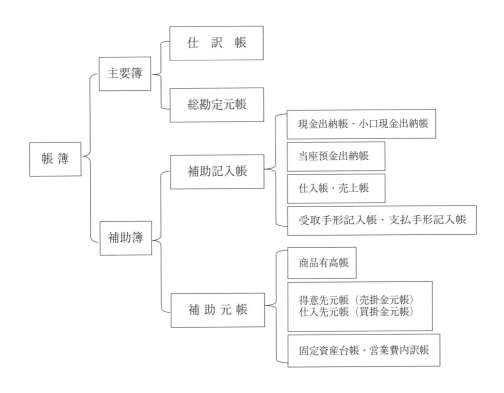

4 ｜ 元帳の記入法

　元帳の形式には，標準式と残高式の２つがある。ここでは一般的によく使われる標準式により説明する。それは次のとおりである。なお，仕訳帳の❶〜❹の番号は，下記記入方法を示している。

❶　日付欄には，仕訳帳の日付（取引日）を記入する。
❷　借方欄・貸方欄には，仕訳帳の借方金額を借方に記入し，仕訳帳の貸方金額を貸方欄に記入する。
❸　摘要欄には，仕訳の相手勘定科目を記入する。相手勘定科目が２つ以上（複数）ある場合，「諸口」と記入する。
❹　仕丁欄には，仕訳帳の仕訳を元帳の勘定口座に転記した際，仕訳が記入されている仕訳帳のページ数を記入する。これは，転記済みを示すことになる。ここでいう「仕丁」とは，仕訳帳の丁数（ページ数）を意味する。
　最後に，仕訳帳の元丁欄に，転記した勘定口座の番号または元帳のページ数を記入する。

仕　訳　帳　　　　　　　1

×1年		摘　　　要	元丁	借　方	貸　方
1	1	（現　　　金）	1	500,000	
		（資　本　金）	10		500,000
		株式会社の設立にあたり株式発行			

元　　　　　帳

現　　金　　　　　　　1

×1年		摘　要	仕丁	借　方	×1年		摘　要	仕丁	貸　方
1	1	資　本　金	1	500,000					

　　❶　　　❸　　❹　　　❷

資　本　金　　　　　　10

×1年		摘　要	仕丁	借　方	×1年		摘　要	仕丁	貸　方
					1	1	現　　　金	1	500,000

　　　　　　　　　　　　　　　　　　❶　　　❸　　❹　　　❷

例題 8 ― 1　次の取引を仕訳帳に記入し，総勘定元帳へ転記しなさい。

4月1日　株式会社の設立にあたり1株当たり¥10,000で株式を100株発行し，発行価額の全額を資本金とした。

　　7日　株式会社岡山商店から商品¥300,000を仕入れ，代金のうち¥200,000は現金で支払い，残額は掛けとした。

仕　訳　帳　　　　　　　1

×1年	摘　　要	元丁	借　方	貸　方

元　　　　　帳

現　　金　　　　1

×1年	摘要	仕丁	借　方	×1年	摘要	仕丁	貸　方

買　掛　金　　　　7

×1年	摘要	仕丁	借　方	×1年	摘要	仕丁	貸　方

資　本　金　　　　10

×1年	摘要	仕丁	借　方	×1年	摘要	仕丁	貸　方

仕　　入　　　　13

×1年	摘要	仕丁	借　方	×1年	摘要	仕丁	貸　方

38

〔解答〕

仕 訳 帳　　　　　　　1

×1年		摘　要	元丁	借　方	貸　方
4	1	（現　　金）	1	1,000,000	
		（資　本　金）	10		1,000,000
		株式会社の設立にあたり株式発行			
	7	（仕　　入）　諸　口	13	300,000	
		（現　　金）	1		200,000
		（買　掛　金）	7		100,000
		株式会社岡山商店から仕入れ			

元　　　　　　帳

現　　金　　　　　　1

×1年		摘　要	仕丁	借　方	×1年		摘　要	仕丁	貸　方
4	1	資本金	1	1,000,000	4	7	仕　入	1	200,000

買　掛　金　　　　　　7

×1年		摘　要	仕丁	借　方	×1年		摘　要	仕丁	貸　方
					4	7	仕　入	1	100,000

資　本　金　　　　　　10

×1年		摘　要	仕丁	借　方	×1年		摘　要	仕丁	貸　方
					4	1	現　金	1	1,000,000

仕　　入　　　　　　13

×1年		摘　要	仕丁	借　方	×1年		摘　要	仕丁	貸　方
4	7	諸　口	1	300,000					

第9章

試算表と精算表

1 | 試算表

(1) 試算表とは

試算表とは，貸借平均の原理にもとづいて転記された元帳の各勘定科目およびその金額を一覧表にしてまとめたものである。ここに**貸借平均の原理**とは，取引を正しく複式簿記で仕訳した（仕訳帳に記入した）ならば，その借方と貸方の合計金額は等しくなり，これに基づいて転記した（元帳に転記した）ならば，元帳のすべての勘定の借方合計と貸方合計は等しくなるというものである。試算表は，この原理を利用して，各勘定口座への転記が正確に行われているかどうかを確認し，誤りがあれば訂正を行うための，いわばチェック表として作成される。

しかし，試算表で発見できない誤りもある。具体的には次のようなケースである。

- 原因が仕訳の場合：勘定科目の誤り（金額は貸借平均している），仕訳の欠落
- 原因が転記の場合：勘定科目の誤転記，貸借反対の転記，二重転記，転記の欠落

(2) 試算表の種類

試算表には，作成効果別に，①合計試算表，②残高試算表，③合計残高試算表の3種類がある。

① 合計試算表

合計試算表とは，各勘定の借方合計金額と貸方合計金額とを一覧表にしてまとめたものである。合計試算表の借方の合計額と貸方の合計額は一致する。またその合計額は仕訳帳の借方の合計額と貸方の合計額に各々一致する。これにより，転記の正しさを確認できるとともに，取引の総額を知ることができる。

② 残高試算表

残高試算表とは，各勘定の借方残高または貸方残高を一覧表にしてまとめたものである。

元帳に正しく転記されていれば，その結果，残高試算表の借方残高の合計額と貸方残高の合計額は一致するので，転記の正しさを確認できる。また，残高試算表は，資産，負債および純資産の各勘定の残高を示し，収益・費用の各勘定の発生高を示すことから，この表の作成時点での，おおよその財政状態と経営成績を把握することができる。

③ 合計残高試算表

合計残高試算表とは，上述した①と②の表を1つの表にまとめたものである。したがって，それぞれの特徴とねらいが1つの表に現れる。

例題9－1 次の各勘定口座は，×年4月1日から同年4月30日までの1ヵ月間に行った仕訳を略式の勘定口座へ転記したものである。これに基づき4月30日現在の①合計試算表，②残高試算表，③合計残高試算表を作成しなさい。なお便宜上，社名は省略した。

総 勘 定 元 帳

	現　　　金	1
4/1 前期繰越 200,000	4/20 通信費	10,000
25 売掛金 50,000	25 給料	10,000
	30 買掛金	50,000

	売　掛　金	2
4/10 売上 80,000	4/25 現金	50,000

	繰 越 商 品	3
4/1 前期繰越 100,000		

	買　掛　金	4
4/30 現金 50,000	4/15 仕入	100,000

	資　本　金	5
	4/1 前期繰越	250,000

	繰越利益剰余金	6
	4/1 前期繰越	50,000

	売　　　上	7
	4/10 売掛金	80,000

	仕　　　入	8
4/15 買掛金 100,000		

	給　　　料	9
4/25 現　金 10,000		

	通　信　費	10
4/20 現　金 10,000		

① **合計試算表**

合 計 試 算 表
×年4月30日　（単位：円）

借　方	元丁	勘 定 科 目	貸　方
		現　　　　　金	
		売　掛　金	
		繰 越 商 品	
		買　掛　金	
		資　本　金	
		繰越利益剰余金	
		売　　　　　上	
		仕　　　　　入	
		給　　　　料	
		通　信　費	

② **残高試算表**

残 高 試 算 表
×年4月30日　（単位：円）

借　方	元丁	勘 定 科 目	貸　方
		現　　　　　金	
		売　掛　金	
		繰 越 商 品	
		買　掛　金	
		資　本　金	
		繰越利益剰余金	
		売　　　　　上	
		仕　　　　　入	
		給　　　　料	
		通　信　費	

③ **合計残高試算表**

合 計 残 高 試 算 表
×年4月30日　　　　（単位：円）

残　高	合　計	元丁	勘定科目	合　計	残　高
			現　　　　　金		
			売　掛　金		
			繰 越 商 品		
			買　掛　金		
			資　本　金		
			繰越利益剰余金		
			売　　　　　上		
			仕　　　　　入		
			給　　　　料		
			通　信　費		

〔解答〕

① 合計試算表

合 計 試 算 表
×年4月30日　（単位：円）

借　方	元丁	勘定科目	貸　方
250,000	1	現　　　　金	70,000
80,000	2	売　掛　金	50,000
100,000	3	繰　越　商　品	
50,000	4	買　掛　金	100,000
	5	資　本　金	250,000
	6	繰越利益剰余金	50,000
	7	売　　　　上	80,000
100,000	8	仕　　　　入	
10,000	9	給　　　　料	
10,000	10	通　信　費	
600,000			600,000

② 残高試算表

残 高 試 算 表
×年4月30日　（単位：円）

借　方	元丁	勘定科目	貸　方
180,000	1	現　　　　金	
30,000	2	売　掛　金	
100,000	3	繰　越　商　品	
	4	買　掛　金	50,000
	5	資　本　金	250,000
	6	繰越利益剰余金	50,000
	7	売　　　　上	80,000
100,000	8	仕　　　　入	
10,000	9	給　　　　料	
10,000	10	通　信　費	
430,000			430,000

③ 合計残高試算表

合 計 残 高 試 算 表
×年4月30日　　　（単位：円）

借　方 残高	借　方 合計	元丁	勘定科目	貸　方 合計	貸　方 残高
180,000	250,000	1	現　　　　金	70,000	
30,000	80,000	2	売　掛　金	50,000	
100,000	100,000	3	繰　越　商　品		
	50,000	4	買　掛　金	100,000	50,000
		5	資　本　金	250,000	250,000
		6	繰越利益剰余金	50,000	50,000
		7	売　　　　上	80,000	80,000
100,000	100,000	8	仕　　　　入		
10,000	10,000	9	給　　　　料		
10,000	10,000	10	通　信　費		
430,000	600,000			600,000	430,000

〔解説〕

(a)　合計試算表①の場合

　各勘定科目の借方合計額と貸方合計額を表に記入していく。その記入が終わった後，借方側の縦合計額と貸方側の縦合計額をそれぞれの最終行に記入し，貸借のバランスを確認する。

(b)　残高試算表②の場合

　各勘定科目の借方残高または貸方残高を記入していく。その記入が終わった後，借方側の縦合計額と貸方側の縦合計額をそれぞれの最終行に記入し，貸借のバランスを確認する。

(c)　合計残高試算表③の場合

　まずは合計欄から完成させ，借方側と貸方側の縦合計額をそれぞれの最終行に記入し，貸借のバランスを確認する。次に残高欄を完成させ，最終行で借方側と貸方側の縦合計額をそれぞれ記入し，借方側と貸方側のバランスがとれているかを確認する。

2 ┃ 精算表（6桁精算表）

　精算表は，損益計算書と貸借対照表の作成手続を一覧表にしたものである。下記に示す精算表は，「残高試算表」欄，「損益計算書」欄，「貸借対照表」欄の3つの欄が設けられ，かつ，各々に借方欄と貸方欄の2つの欄があるため，6桁精算表とよばれている。

例題9−2　次の期末の残高に基づいて，6桁精算表を完成させなさい。なお便宜上，社名は省略した。

現　　　　金	¥80,000	売　掛　金	¥80,000	繰 越 商 品	¥20,000
備　　　　品	¥80,000	買　掛　金	¥40,000	借　入　金	¥50,000
資　本　金	¥100,000	繰越利益剰余金	¥50,000	売　　　上	¥100,000
受 取 手 数 料	¥25,000	仕　　　入	¥50,000	給　　　料	¥20,000
通　信　費	¥35,000				

精　算　表
×年12月31日　　　　　　　　　　（単位：円）

勘定科目	残高試算表 借方	残高試算表 貸方	損益計算書 借方	損益計算書 貸方	貸借対照表 借方	貸借対照表 貸方
現　　　　金						
売　掛　金						
繰 越 商 品						
備　　　　品						
買　掛　金						
借　入　金						
資　本　金						
繰越利益剰余金						
売　　　上						
受 取 手 数 料						
仕　　　入						
給　　　料						
通　信　費						
当 期 純（　　）						

〔解答〕

精 算 表

×年12月31日　　　　　　　　　（単位：円）

勘定科目	残高試算表 借方	残高試算表 貸方	損益計算書 借方	損益計算書 貸方	貸借対照表 借方	貸借対照表 貸方
現　　　　　金	80,000				80,000	
売　　掛　　金	80,000				80,000	
繰　越　商　品	20,000				20,000	
備　　　　　品	80,000				80,000	
買　　掛　　金		40,000				40,000
借　　入　　金		50,000				50,000
資　　本　　金		100,000				100,000
繰越利益剰余金		50,000				50,000
売　　　　　上		100,000		100,000		
受　取　手　数　料		25,000		25,000		
仕　　　　　入	50,000		50,000			
給　　　　　料	20,000		20,000			
通　　信　　費	35,000		35,000			
当 期 純 （利 益）			**20,000**			20,000
	365,000	365,000	125,000	155,000	260,000	260,000

〔解説〕

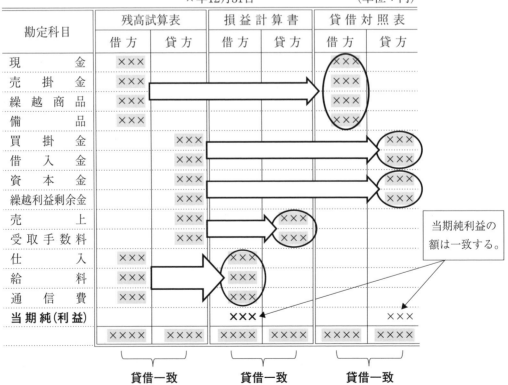

精 算 表

×年12月31日　　　　　　　　　（単位：円）

当期純利益の額は一致する。

貸借一致　　　　　貸借一致　　　　　貸借一致

　なお，「勘定科目」欄の当期純利益の文字と「損益計算書」欄の当期純利益の金額は，朱記する（当期純利益の額がマイナスの場合は，当期純損失の額となる。）

> 「損益計算書」欄の当期純利益の額＝収益総額（「損益計算書」欄の貸方合計額）－費用総額（「損益計算書」欄の借方合計額）
>
> 「貸借対照表」欄の当期純利益の額＝資産総額（「貸借対照表」欄の借方合計額）－負債と純資産の総額（「貸借対照表」欄の貸方合計額)

■作成手順■

❶　「勘定科目」欄に各勘定科目を記入していく。順番は，資産の勘定，負債の勘定，純資産の勘定，収益の勘定，費用の勘定の順に，上から記入する。

❷　「残高試算表」欄へ各勘定残高を記入する。その後，借方と貸方の縦合計額を最終行に記入し，貸借のバランスがとれていることをあらためて確認する。

❸　「残高試算表」欄から「損益計算書」欄へ，収益および費用に該当する勘定科目の残高を書き写す。そして貸方合計（収益合計を意味する）と借方合計（費用合計を意味する）の少ない側にその差額を記入する。この差額が借方側に出る場合は，「当期純利益」を意味する（貸方側に差額が出る場合は，「当期純損失」を意味する）。また，貸借のバランスがとれていることを確認し，借方と貸方の縦合計額を最終行に記入する。

❹　「残高試算表」欄から「貸借対照表」欄へ，資産，負債および純資産に該当する勘定科目の残高を書き写す。そして借方合計（資産合計を意味する）と貸方合計（負債と純資産の合計を意味する）の少ない側にその差額を記入する。この差額が貸方側に出る場合は，「当期純利益」を意味する（借方側に出る場合は，「当期純損失」を意味する）。また，貸借のバランスがとれていることを確認し，借方と貸方の縦合計額を最終行に記入する。

❺　3つの欄（「残高試算表」欄，「損益計算書」欄，「貸借対照表」欄）それぞれの貸借が一致していることを確認し，締め切る。

第 **10** 章

決算

1 | 決算の意味

　決算とは，一会計期間の終わり（期末）に，損益計算書と貸借対照表を作成する一連の手続きのことをいう。決算には大別して，試算表の作成から決算整理までの手続き（**決算予備手続**）と帳簿の締切りから財務諸表の作成までの手続き（**決算本手続**）との２つの手続きがある。

　具体的な流れは，決算直前の試算表の作成，決算時点での棚卸表の作成，決算整理，決算振替と各種帳簿の締切り（帳簿決算），繰越試算表の作成，財務諸表の作成という手順となる。ここでは決算本手続き，とくに決算振替と帳簿の締切りを中心に説明を行い，それ以外の部分に関しては，のちの第19章と第20章で説明することとする。なお簿記一巡の流れを示すと次のとおりである。

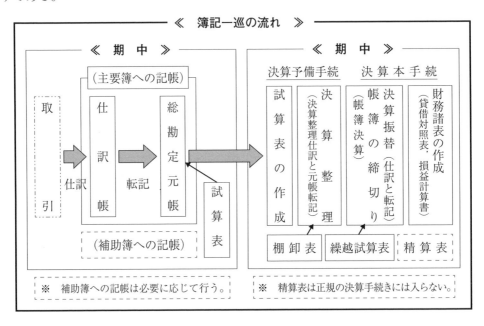

2 英米式決算法における決算振替仕訳

決算の方法には，大陸式決算法と英米式決算法とがある。違いはとくに貸借対照表項目の記帳手続に関して存する。大陸式決算法では残高勘定を設けて帳簿締切りを行うが，英米式決算法ではそのような勘定を設けず，繰越記入と繰越試算表の作成を行う。したがって英米式決算法では，収益・費用といった損益計算書項目と資産・負債・純資産といった貸借対照表項目によって，それぞれ締切りの仕方が異なる。本書では以下，英米式決算法を説明する。

(1) 収益・費用の各勘定の締切り

収益・費用の各勘定においては，**損益勘定**を設け，収益・費用のすべての残高勘定を振り替える。このことから損益勘定は，**損益集合勘定**ともよばれる。

手続きとしてはまず，収益・費用の各勘定の残高を損益勘定に振り替えて集合させ，収益と費用の各勘定を締切る。

① 収益の勘定から損益勘定への振替仕訳

| (借) | 売　　　　　　上 | 10,000 | (貸) | 損　　　　　　益 | 17,000 |
| | 受　取　家　賃 | 7,000 | | | |

② 費用の勘定から損益勘定への振替仕訳

(借)	損　　　　　　益	15,000	(貸)	仕　　　　　　入	6,000
				広　告　宣　伝　費	5,000
				支　払　利　息	4,000

なお，この損益勘定は損益計算書を作成するにあたって元となる勘定となるため，損益勘定に収益と費用の各勘定を転記する場合は，諸口として一括記入するのではなく，勘定科目ごとに転記を行う。

(2) 当期純利益（もしくは当期純損失）の振替仕訳

次に，損益勘定の残高を算出し，当期純利益（もしくは当期純損失）を求める。

損益勘定の貸方側に残高が生じる場合（貸方残の場合），その残高は，**当期純利益**を意味することとなる。これに対して，損益勘定の借方側に残高が生じる場合（借方残の場合），その残高は，**当期純損失**を意味することとなる。

この損益勘定で算定された当期純利益（もしくは当期純損失）は，株式会社においては貸借対照表項目の**繰越利益剰余金勘定**（純資産）に振り替える。この仕訳を示すと次のとおりとなる。

48

① 当期純利益の場合の振替仕訳

（借）損　　　　　益　　2,000　　　（貸）繰越利益剰余金　　2,000

② 当期純損失の場合の振替仕訳

（借）繰越利益剰余金　　2,000　　　（貸）損　　　　益　　2,000

また，ここまでの流れを図示すると次のとおりである。

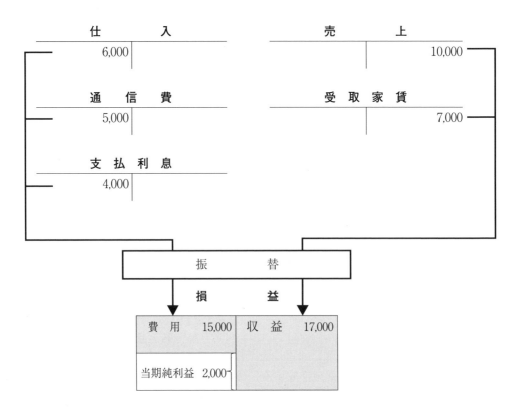

　なおここで説明した仕訳を**利益振替仕訳**という。また損益振替仕訳と利益振替仕訳の2つを合わせて英米式決算法では**決算振替仕訳**という。

例題10—1　次の勘定残高に従って決算振替仕訳を行いなさい。
売　　　　上　¥300,000　　受取手数料　¥20,000　　仕　　　　入　¥150,000
通　信　費　¥15,000　　支　払　利　息　¥5,000　　雑　　　　費　¥20,000

〔解答〕

（借）	売	上	300,000	（貸）	損	益	320,000
	受 取 手 数 料		20,000				
（借）	損	益	190,000	（貸）	仕	入	150,000
					通 信 費		15,000
					支 払 利 息		5,000
					雑 費		20,000
（借）	損	益	130,000	（貸）	繰越利益剰余金		130,000

〔解説〕　損益勘定の貸方残高が¥130,000となるため，当期純利益が計上される。

(3)　資産・負債・純資産の各勘定の締切り

　資産・負債・純資産の各勘定においては，総勘定元帳に直接，勘定の締切りを行う。締切りは，各勘定の期末残高を借方と貸方の金額の少ない方へ「**次期繰越**」（原則，朱記）と記入し，借方と貸方の金額を一致させることをいう。

　また，翌年度の期首において，「次期繰越」と記入した反対側（借方に次期繰越の場合は貸方。貸方に次期繰越の場合は借方）に「**前期繰越**」と記入する。これは前期における残高の繰越額を指し，最初に行うことから，「**開始記入**」という。

(4)　繰越試算表

　損益勘定が損益計算書の作成にあたり基礎資料となるように，貸借対照表の作成にあたり基礎資料となるのが繰越試算表である。**繰越試算表**は，資産・負債・純資産の各勘定を締切る際に記入した「次期繰越」高を集めて作成するものである。この繰越試算表の作成により，総勘定元帳に直接記入した次期繰越高の記入（**繰越記入**）の正しさを確認することができる。

　元帳の締切りや仕訳帳の締切りおよび繰越試算表の作成の3つを合わせて**決算本手続**という。

例題10—2　　次の勘定口座を締切り，開始記入も行いなさい。またそれらを基に繰越試算表を作成しなさい（当期純利益は¥100,000。当社は1月1日に設立し，決算日は12月31日である。また，期中の取引は合計金額で表記している。なお便宜上，社名は省略した）。

現　　金		売　掛　金		繰越商品	
700,000	400,000	160,000	80,000	230,000	

買　掛　金		資　本　金		繰越利益剰余金	
70,000	180,000		400,000		100,000

50

〔解答〕

現　　　金

	700,000			400,000
		12/31	次 期 繰 越	**300,000**
	700,000			700,000
1/1　前 期 繰 越	300,000			

売　　掛　　金

	160,000			80,000
		12/31	次 期 繰 越	**80,000**
	160,000			160,000
1/1　前 期 繰 越	80,000			

繰　越　商　品

	230,000	12/31	次 期 繰 越	**230,000**
	230,000			230,000
1/1　前 期 繰 越	230,000			

買　　掛　　金

	70,000			180,000
12/31　次 期 繰 越	**110,000**			
	180,000			180,000
		1/1　前 期 繰 越		110,000

資　　本　　金

12/31　次 期 繰 越	**400,000**			400,000
	400,000			400,000
		1/1　前 期 繰 越		400,000

繰越利益剰余金

12/31　次 期 繰 越	**100,000**	12/31	損　　　益	100,000
	100,000			100,000
		1/1　前 期 繰 越		100,000

繰 越 試 算 表

×年12月31日　　　　（単位：円）

借　方	勘 定 科 目	貸　方
300,000	現　　　　金	
80,000	売　掛　金	
230,000	繰　越　商　品	
	買　掛　金	110,000
	資　本　金	400,000
	繰 越 利 益 剰 余 金	100,000
610,000		610,000

例題10—3　株式会社九州商店の損益勘定と繰越試算表を基に，この会社の損益計算書と貸借対照表を作成しなさい。なお便宜上，当期純利益の額をそのまま繰越利益剰余金の額としている。

損　　益

12/31	仕　　入	57,000	12/31	売　上	190,000
〃	通 信 費	23,000			
〃	繰越利益剰余金	110,000			
		190,000			190,000

繰 越 試 算 表

株式会社九州商店　　×年12月31日　　（単位：円）

借　方	勘 定 科 目	貸　方
310,000	現　　　　金	
150,000	売　掛　金	
140,000	繰　越　商　品	
	買　掛　金	50,000
	資　本　金	440,000
	繰 越 利 益 剰 余 金	110,000
600,000		600,000

52

〔解答〕

損 益 計 算 書

株式会社九州商店　　　　　×年1月1日〜×年12月31日　　　　　（単位：円）

費　　用	金　　額	収　　益	金　　額
売 上 原 価	57,000	売 上 高	190,000
通 信 費	23,000		
当 期 純 利 益	**110,000**		
	190,000		190,000

貸 借 対 照 表

株式会社九州商店　　　　　×年12月31日　　　　　（単位：円）

資　　産	金　　額	負債及び純資産	金　　額
現　　　金	310,000	買 掛 金	50,000
売 掛 金	150,000	資 本 金	440,000
商　　　品	140,000	繰越利益剰余金	110,000
	600,000		600,000

〔解説〕　決算振替仕訳を示すと次のとおりである。

（借）	売	上	190,000	（貸）	損	益	190,000
（借）	損	益	80,000	（貸）	仕	入	57,000
					通 信 費		23,000
（借）	損	益	110,000	（貸）	繰越利益剰余金		110,000

　損益勘定の借方残高¥110,000は当期純利益を意味する。その金額が繰越利益剰余金勘定の貸方に記入されることとなる。

　なお損益計算書の作成にあたっては，売上勘定は「**売上高**」と表示し，仕入勘定は「**売上原価**」と表示する。また貸借対照表の作成にあたっては，繰越商品勘定は「**商品**」と表示する。

第11章

現金・預金取引

1 現金

　一般的に「**現金**」というと，硬貨や紙幣などの通貨を指すが，簿記上では，金融機関ですぐに現金に換えられる通貨代用証券も含まれる。具体的には，他人振出の小切手，送金小切手，郵便為替証書，配当金領収証，期限到来後の公社債の利札も「現金」として処理をする。

　仕訳をする際，「現金」勘定は，資産に属する勘定科目である。そのため「現金」を受け取った場合（増加）は借方に，「現金」を支払った場合（減少）は貸方に記載する。

＝

簿記上は現金
に含まれる

現	金
入金時（増加時） に記載	出金時（減少時） に記載

例1　商品¥10,000を購入し，代金は現金で支払った。

〔**解答**〕（借）仕　　　　　入　　10,000　　　（貸）現　　　　　金　　10,000

例2　商品¥10,000を販売し，代金は現金で受け取った。

〔**解答**〕（借）現　　　　　金　　10,000　　　（貸）売　　　　　上　　10,000

例題11—1 次の取引を仕訳しなさい。
① 得意先株式会社大分商店より売掛金¥10,000を現金で回収した。
② 仕入先株式会社熊本商店に対する買掛金¥15,000を現金で支払った。
③ 仕入先株式会社熊本商店から商品¥150,000を購入し，代金は現金で支払った。
④ 得意先株式会社大分商店に商品¥100,000を販売し，代金は現金で受け取った。

〔解答〕

①	（借）	現 金	10,000	（貸）	売 掛 金	10,000
②	（借）	買 掛 金	15,000	（貸）	現 金	15,000
③	（借）	仕 入	150,000	（貸）	現 金	150,000
④	（借）	現 金	100,000	（貸）	売 上	100,000

(1) 現金出納帳

現金の増加と減少を補助簿としての現金出納帳（ほじょぼ）に記録する場合もある。現金出納帳（げんきんすいとうちょう）には，現金の入出金の明細が記録される。現金出納帳の記入例は次のとおりとなる。

現金出納帳

×年		摘 要	収 入	支 出	借／貸	残 高
4	1	前 月 繰 越	200,000		借	200,000
	5	株式会社福岡商店より仕入れ		50,000	〃	150,000
	10	株式会社宮崎商店に売上げ	60,000		〃	210,000
	21	備品の購入		20,000	〃	190,000
	30	次 月 繰 越		190,000		
			260,000	260,000		
5	1	前 月 繰 越	190,000		借	190,000

(2) 現金過不足

総勘定元帳における現金の借方残高（かりかたざんだか）および現金出納帳における残高は，帳簿上の現金残高を示しているが，実際の現金有高（ありだか）と一致しない場合がある。その際には当然に原因を調査するのだが，原因が判明すれば，本来の仕訳で不一致を修正する。しかし，原因が判明しない場合に一時的に用いる勘定科目が「**現金過不足**」（げんきんかぶそく）勘定である。後日，原因が判明した場合には，正しい勘定に振り替える。

ただし，決算日になっても原因不明だった場合，現金が過多の時は「**雑益**」（ざつえき）勘定（収益），不足の時は「**雑損**」（ざっそん）勘定（費用）として処理をする。

①　現金過多の場合

例3　現金残高が￥10,000のところ，実際有高は￥11,000であった。

〔解答〕（借）現　　　　　金　　1,000　　　（貸）現 金 過 不 足　　1,000

(a)　現金過多の原因が判明した場合

例4　かねて，現金過不足として処理していたが，その原因を調査したところ，売掛金の回収額が未記入であったことが判明した。

〔解答〕（借）現 金 過 不 足　　1,000　　　（貸）売　　掛　　金　　1,000

(b)　決算日になっても原因が不明だった場合

例5　現金過不足は，決算日現在，原因不明である。そのため雑益として処理をした。

〔解答〕（借）現 金 過 不 足　　1,000　　　（貸）雑　　　　　益　　1,000

②　現金不足の場合

例6　現金残高が￥10,000のところ，実際有高は￥9,000であった。

〔解答〕（借）現 金 過 不 足　　1,000　　　（貸）現　　　　　金　　1,000

(a)　現金不足の原因が判明した場合

例7　かねて，現金過不足として処理していたが，その原因を調査したところ，地代の支払いの記帳漏れであることが判明した。

〔解答〕（借）支 払 地 代　　1,000　　　（貸）現 金 過 不 足　　1,000

(b)　決算日まで原因が不明だった場合

例8　現金過不足は，決算日現在，原因不明である。そのため雑損として処理をした。

〔解答〕（借）雑　　　　　損　　1,000　　　（貸）現 金 過 不 足　　1,000

例題11—2　次の取引を仕訳しなさい。
①　期中において，現金の実際有高が帳簿残高より￥1,500不足していることが判明した。
②　現金の実際有高が帳簿残高より￥10,000不足していたので，かねて現金過不足勘定で処理していたが，その後原因を調べたところ，支払家賃の記入漏れであることが判明した。
③　期中において，現金の実際有高が帳簿残高より￥5,000多いことが判明した。
④　現金の実際有高が帳簿残高より￥5,000多かったので，かねて現金過不足勘定で処理していたが，決算日現在，原因不明である。そのため雑益として処理をした。

〔解答〕

①	（借）	現 金 過 不 足	1,500	（貸）	現　　　金	1,500
②	（借）	支 払 家 賃	10,000	（貸）	現 金 過 不 足	10,000
③	（借）	現　　　金	5,000	（貸）	現 金 過 不 足	5,000
④	（借）	現 金 過 不 足	5,000	（貸）	雑　　　益	5,000

2 当座預金・当座借越

(1) 当座預金

　当座預金とは，銀行との当座取引契約を結ぶことで開設できる預金で，その特徴は，無利息であることと預金の引出しに小切手を振り出すことである。当座預金のメリットは，決済の際に多額の現金を移動させる必要がなく，また，企業内にも多額の現金を保管する必要がない。このことから広く企業で用いられている。

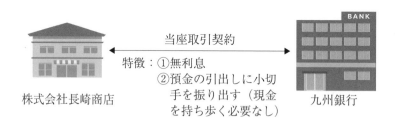

　当座預金勘定は資産に属する勘定科目であり，増加した場合には借方へ記入し，減少した場合には貸方へ記入する。

例9 現金￥20,000を当座預金に預け入れた。

〔解答〕 （借）当 座 預 金 20,000 （貸）現　　　金 20,000

〔解説〕 現金を当座預金に預け入れることから，現金（資産）が減少したため貸方に現金を記入し，当座預金（資産）が増加したため，借方に当座預金を記入する。

例10 株式会社鹿児島商店より商品￥15,000を購入し，代金は小切手を振り出して支払った。

〔解答〕 （借）仕　　　入 15,000 （貸）当 座 預 金 15,000

〔解説〕 当座預金は小切手を振り出すことで口座より引出しを行う。そのため，当座預金が減少するため，貸方に当座預金勘定の記入を行う。

　現金勘定の際に説明したが，他人振出の小切手を受け取った場合，通常では，現金として処理をするが，ただちに当座預金とした場合は，現金を受け取っているので現金勘定を増加さ

せ，その後，現金勘定を減少させて当座預金勘定に振り替えることとなる。現金勘定の増加と減少を同時に行うため，それぞれを相殺することから，通常は現金勘定の増加の処理をせず，直接当座預金勘定の増加として処理を行う。

例11　株式会社下関商店に商品¥30,000を売却し，株式会社下関商店振り出しの小切手を受け取り，ただちに当座預金とした。

〔解答〕　（借）当　座　預　金　　30,000　　　（貸）売　　　　上　　30,000

〔解説〕　他人振出小切手受取：〔解答〕（借）現──金 30,000　　（貸）売　　上 30,000
　　　　　当座預金に預入れ：〔解答〕（借）当 座 預 金 30,000　（貸）現──金 30,000
　　　　　現金勘定の増加と減少により，現金勘定が相殺されるため，解答の仕訳のようになる。

また自分が以前振り出した小切手を受け取った場合も現金の増加ではなく，以前振り出した際の当座預金の減少の取消として処理をする。

例12　株式会社大分商店に対する売掛金¥10,000について，以前に自店が振り出した小切手で受け取った。

〔解答〕　（借）当　座　預　金　　10,000　　　（貸）売　　掛　　金　　10,000

例題11－3　次の取引を仕訳しなさい。
① 株式会社長崎商店より商品¥150,000を購入し，代金は小切手を振り出して支払った。
② 株式会社福岡商店に商品¥230,000を販売し，代金は小切手を受け取った。
③ 株式会社熊本商店に商品¥300,000を販売し，代金は以前に当店が振り出した小切手で受け取った。
④ 株式会社鹿児島商店に商品¥130,000を販売し，代金は小切手で受け取り，ただちに当座預金とした。

〔解答〕

① （借）仕　　　　入　150,000　　（貸）当　座　預　金　150,000
② （借）現　　　　金　230,000　　（貸）売　　　　上　230,000
③ （借）当　座　預　金　300,000　　（貸）売　　　　上　300,000
④ （借）当　座　預　金　130,000　　（貸）売　　　　上　130,000

(2)　当座借越

あらかじめ，銀行と当座借越契約を結んでいれば，当座預金の残高を超える小切手を振り出しても，一定額を限度として，銀行に一時的に立て替えてもらえる。この立替額を**当座借越**と

いい，一時的な借入れを意味する。

当座借越の処理方法には二勘定制と一勘定制がある。

①　二勘定制

二勘定制とは，当座預金勘定と当座借越勘定の 2 つの勘定を用いて処理することである。この場合，当座預金の残高を超えて振り出した場合に，当座借越勘定で処理をする。

②　一勘定制

一勘定制とは，当座預金に関連する処理を当座勘定のみで行う方法である。一勘定制の場合，当座勘定が借方残高であれば当座預金を意味し，貸方残高であれば当座借越であることを意味する。

ただし，実務上では，当座預金勘定を用いた一勘定制が一般化されている。この場合，具体的には，当座預金勘定が借方残高であれば，当座預金を意味し，当座預金勘定が貸方残高であれば，当座借越であることを意味する。期末に当座預金が貸方残高の場合，当座借越勘定に振り替える処理を行う。また，借入金勘定（負債）で処理することもある。

ここでは，一勘定制の処理方法を用いた場合の説明を行う。

例13　株式会社熊本商店への買掛金¥30,000の支払いのため，小切手を振り出した。当座預金残高は¥20,000であり，取引銀行と限度額¥50,000の当座借越契約を結んでいる。

〔解答〕（借）買　　掛　　金　　30,000　　　（貸）当　座　預　金　　30,000

〈決算時の処理〉
　　　　（借）当　座　預　金　　10,000　　　（貸）当　座　借　越　　10,000

〈再振替仕訳〉
　　　　（借）当　座　借　越　　10,000　　　（貸）当　座　預　金　　10,000

例14　買掛金¥20,000の支払いのため，小切手を振り出した。

〔解答〕（借）買　　掛　　金　　20,000　　　（貸）当　座　預　金　　20,000

例13と例14を一連の取引とすると当座預金勘定は次のとおりになる。当座預金勘定が貸方残高であるということは，当座借越であることを表している。

当　座　預　金	
20,000	30,000
	20,000

例15　決算を迎え，当座預金貸方残高¥30,000を当座借越勘定に振り替えた。

〔解答〕（借）当　座　預　金　　30,000　　　（貸）当　座　借　越　　30,000

例16　前期に当座借越勘定に振り替えた当座預金貸方残高¥30,000について再振替仕訳を行った。

〔解答〕（借）当　座　借　越　　30,000　　　（貸）当　座　預　金　　30,000

例題11―4　次の当座預金取引を当座預金を用いた一勘定制で仕訳しなさい。
① 株式会社佐賀商店より商品¥250,000を購入し，代金は小切手を振り出して支払った。
　なお，当座預金残高は¥160,000であり，取引銀行と限度額¥500,000の当座借越契約を
　結んでいる。
② 現金¥300,000を預け入れた。

〔解答〕

① （借）仕　　　　　入　　250,000　　　（貸）当　座　預　金　　250,000
② （借）当　座　預　金　　300,000　　　（貸）現　　　　　金　　300,000

3 小口現金

企業では，郵便料金やタクシー代などの日常発生する少額の現金支出について，各部署に担当する係（用度係，小口現金係）を設け，これらを記録する係（会計係）が一定額を渡し，支払いを行うことがある。その増減を記録するのに用いるのが小口現金勘定（資産）である。

(1) 定額資金前渡法（インプレスト・システム）

小口現金の管理方法として，**定額資金前渡法**（定額資金前渡制，インプレスト・システムともいう）がある。この定額資金前渡法は，一定額の小切手を用度係に渡し，一定期間後（一週間または1ヵ月）に使用した金額分を小切手で補給する方法である。

例17　小口現金として，小切手¥10,000を振り出して用度係に渡した。

〔解答〕（借）小　口　現　金　　10,000　　　（貸）当　座　預　金　　10,000

例18　用度係から会計係へ次のような報告があった。

旅費交通費　¥3,000　　通信費　¥2,000　　消耗品費　¥1,000　　雑費　¥500

〔解答〕 (借) 旅 費 交 通 費　　　3,000　　　　(貸) 小 口 現 金　　　6,500
　　　　　　通 信 費　　　　　2,000
　　　　　　消 耗 品 費　　　　1,000
　　　　　　雑 費　　　　　　　 500

例19 用度係に，小口現金の補給として小切手¥6,500を振り出して渡した。

〔解答〕 (借) 小 口 現 金　　　6,500　　　　(貸) 当 座 預 金　　　6,500

例題11－5 次の取引を仕訳しなさい。
① 用度係から会計係へ次のような報告があった。
　通信費 ¥3,500　　消耗品費 ¥2,000　　雑費 ¥1,500
② 用度係に，小口現金の補給として小切手¥7,000を振り出して渡した。

〔解答〕

① (借) 通 信 費　　　3,500　　(貸) 小 口 現 金　　　7,000
　　　　消 耗 品 費　　2,000
　　　　雑 費　　　　　1,500
② (借) 小 口 現 金　　7,000　　(貸) 当 座 預 金　　　7,000

(2) 小口現金出納帳の記入方法

　定額資金前渡法では，補給時期によって方法が２つある。それが**月初補給法**（週初補給法）と**月末補給法**（週末補給法）である。どちらの方法をとるかによって小口現金出納帳の記入方法が異なる。

① 月初補給法（週初補給法）

　月初（週初）に，前月（前週）の小口現金使用分を補給したときは，以下のような記入方法となる。月初補給法の場合，前月繰越のあと本日補給が入ることとなる。

小口現金出納帳

受　入	日付		摘　　要	支　払	内　　　訳			
					旅費交通費	通信費	消耗品費	雑　費
15,000	4	1	前 月 繰 越					
35,000	〃		本 日 補 給					
		6	コ ピ ー 用 紙	1,000			1,000	
		14	郵 便 切 手 代	8,200		8,200		
		21	バ ス 回 数 券 代	12,000	12,000			
		28	お 茶 代	2,500				2,500
		30	タ ク シ ー 代	12,700	12,700			
		〃	合　　　　　計	36,400	24,700	8,200	1,000	2,500
		〃	**次 月 繰 越**	**13,600**				
50,000				50,000				
13,600	5	1	前 月 繰 越					

②　月末補給法（週末補給法）

　月末（週末）に，当月（当週）の小口現金使用分を補給したときは，以下のような記入方法となる。月末補給制の場合，合計後に本日補給を記載する点が月初補給制と異なる。

小口現金出納帳

受　入	日付		摘　　要	支　払	内　　　訳			
					旅費交通費	通信費	消耗品費	雑　費
50,000	4	1	前 月 繰 越					
		6	コ ピ ー 用 紙	1,000			1,000	
		14	郵 便 切 手 代	8,200		8,200		
		21	バ ス 回 数 券 代	12,000	12,000			
		28	お 茶 代	2,500				2,500
		30	タ ク シ ー 代	12,700	12,700			
		〃	合　　　　　計	36,400	24,700	8,200	1,000	2,500
36,400		〃	本 日 補 給					
		〃	**次 月 繰 越**	**50,000**				
86,400				86,400				
50,000	5	1	前 月 繰 越					

例題11-6　次の取引を小口現金出納帳に記入し，あわせて週末における締切りと資金の補給に関する記入をしなさい。ただし，用度係は毎週月曜日に前週の支払いを報告し，資金の補給を受けることになっている。なお，資金の補給方法は定額資金前渡法によっている。

4／2（火）　郵便切手代　￥600　　4／3（水）　タクシー代　￥1,500
4／6（土）　お茶代　￥1,200

小口現金出納帳

受　入	日　付		摘　　要	支　払	内　　訳			
					旅費交通費	通信費	消耗品費	雑　費
15,000	4	1	前週繰越					
5,000	〃		本日補給					

〔解答〕

小口現金出納帳

受　入	日　付		摘　　要	支　払	内　　訳			
					旅費交通費	通信費	消耗品費	雑　費
15,000	4	1	前週繰越					
5,000	〃		本日補給					
		2	郵便切手代	600		600		
		3	タクシー代	1,500	1,500			
		6	お茶代	1,200				1,200
			合計	3,300	1,500	600		1,200
		〃	次週繰越	16,700				
20,000				20,000				
16,700	4	8	前週繰越					
3,300	〃		本日補給					

第12章

掛け取引

1 | 売掛金と買掛金

売掛金とは，商品を売り渡す際に，後日代金は支払ってもらうとした場合に用いる勘定科目である。売掛金は将来，商品代金を回収できる権利（債権）のことである。そのため資産に属する勘定科目である。

買掛金とは，商品を購入する際に，後日代金を支払うとした場合に用いる勘定科目である。買掛金は将来，商品代金を支払う義務（債務）のことである。そのため，負債に属する勘定科目である。

売掛金と買掛金は，商品売買という主たる営業にともなう債権・債務であり，それ以外では用いないことに注意しなければならない。

売掛金が増加した場合は，借方に記入し，売掛金を回収（減少）した場合は，貸方に記入する。買掛金が増加した場合は，貸方に記入し，買掛金の支払い（減少）した場合は，借方に記入する。

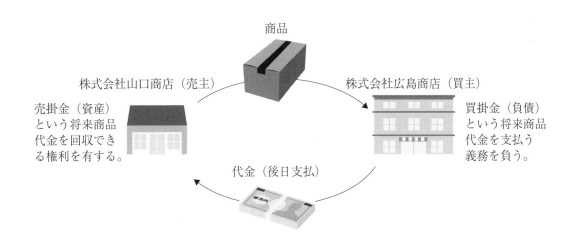

| 例1 | 株式会社長崎商店に商品¥30,000を売り上げ，代金は掛けとした。 |

〔解答〕 (借) 売　掛　金　　30,000　　　　(貸) 売　　　　上　　　30,000

| 例2 | 株式会社長崎商店より売掛金¥30,000を現金で回収した。 |

〔解答〕 (借) 現　　　　金　　30,000　　　　(貸) 売　掛　金　　　30,000

| 例3 | 株式会社沖縄商店より商品¥20,000を購入し，代金は掛けとした。 |

〔解答〕 (借) 仕　　　　入　　20,000　　　　(貸) 買　掛　金　　　20,000

| 例4 | 株式会社沖縄商店の買掛金¥20,000を，現金で支払った。 |

〔解答〕 (借) 買　掛　金　　20,000　　　　(貸) 現　　　　金　　　20,000

2 ｜ 売掛金元帳・買掛金元帳

　複数の取引先がある場合には，これらに対する掛け取引を売掛金勘定や買掛金勘定のみによって処理すると，個々の取引先に対する増減および残高が明確にならない。そのため各取引先の会社名等を勘定科目として用い，この勘定に取引先ごとの売掛金または買掛金の増減（および残高）を記録する方法がとられることがある。これを**人名勘定**という。

　取引先が少数の場合，売掛金勘定や買掛金勘定の代わりに人名勘定を用いた仕訳が行われる。しかし，人名勘定を用いると取引先ごとの明細はわかるが，取引先が多数の場合，勘定科目が膨大となるため，総勘定元帳の記録も増加してしまい煩雑となってしまう。

　そこで，一般的には総勘定元帳に売掛金・買掛金勘定を設け（これを統制勘定という），売掛金元帳（得意先元帳）および買掛金元帳（仕入先元帳）といった補助簿を作成し，これらの補助簿に取引先ごとの人名勘定を設ける手法をとる場合がある。

　売掛金元帳と買掛金元帳の記入例は次のとおりとなる。

売掛金元帳
株式会社福岡商店

×年		摘　　要	借　方	貸　方	借／貸	残　高
7	1	前 月 繰 越	150,000		借	150,000
	5	回　　　収		120,000	〃	30,000
	15	売　　　上	300,000		〃	330,000
	31	次 月 繰 越		330,000		
			450,000	450,000		
8	1	前 月 繰 越	330,000		借	330,000

売 掛 金 明 細 表

	7月1日	7月31日
株式会社福岡商店	¥150,000	¥330,000
計	¥150,000	¥330,000

買掛金元帳
株式会社佐賀商店

×年		摘　　要	借　方	貸　方	借／貸	残　高
7	1	前 月 繰 越		200,000	貸	200,000
	4	仕　　　入		300,000	〃	500,000
	25	支　　　払	200,000		〃	300,000
	31	次 月 繰 越	300,000			
			500,000	500,000		
8	1	前 月 繰 越		300,000	貸	300,000

買 掛 金 明 細 表

	7月1日	7月31日
株式会社佐賀商店	¥200,000	¥300,000
計	¥200,000	¥300,000

3 クレジット売掛金

　商品の代金の支払いにおいて，クレジットカードを用いて行った際の処理は，信販会社への債権として**クレジット売掛金**勘定（資産）を用い，売掛金とは区別する必要がある。

　また，クレジットカードを用いた場合，企業は手数料を取られる（支払手数料（費用））ので，クレジット売掛金を計上する際には，手数料を差し引いた金額にする点に注意が必要である。

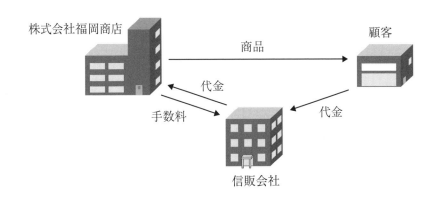

　例5　商品¥10,000をクレジットカード払いの条件で販売した。なお，信販会社への手数料（販売代金の4％）は販売時に計上する。

〔解答〕（借）クレジット売掛金　　　　9,600　　　　（貸）売　　　　　上　　　10,000
　　　　　　支　払　手　数　料　　　　400

　例6　信販会社から過日クレジットカード払いの条件で販売した商品代金¥10,000から手数料（4％）が差し引かれて普通預金口座に振り込まれた。

〔解答〕（借）普　通　預　金　　　　9,600　　　　（貸）クレジット売掛金　　　9,600

第13章 手形取引

1 約束手形

　商品代金の支払いには，現金や小切手のほかに手形が使われることがある。この手形は，支払いを約束する証書で，約束手形とよばれる。これ以外にも為替手形があるがここでは取り扱わない。

　約束手形とは，振出人（手形作成者）が名宛人（特定の受取人）に対して，手形に記載される期日（満期日または支払期日）に手形に記載された金額を支払うものである。

　約束手形は，手形を振り出した時には支払手形勘定（負債）で処理し，受け取った時には受取手形勘定（資産）で処理をする。

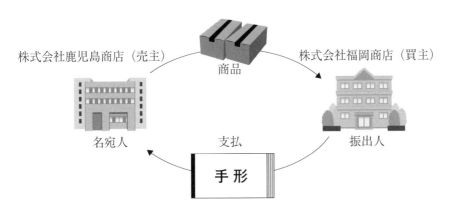

例1　株式会社福岡商店から商品￥10,000を仕入れ，代金は手形を振り出して支払った。

〔解答〕（借）仕　　　　　入　　10,000　　（貸）支　払　手　形　　10,000

例2　株式会社佐賀商店へ商品￥15,000を販売し，代金は約束手形を受け取った。

〔解答〕（借）受　取　手　形　　15,000　　（貸）売　　　　　上　　15,000

また支払期日（満期日）が到来した際には，手形債権・手形債務が消滅し，当座預金口座から債権額・債務額が増減される。

例3 かねて取立てを依頼していた株式会社福岡商店振出の約束手形￥20,000が支払期日になり，当座預金に入金された旨，取引銀行より通知を受けた。

〔解答〕（借）当 座 預 金　　20,000　　　（貸）受 取 手 形　　20,000

例4 かねて株式会社広島商店に振り出した約束手形￥10,000が支払期日になり，当座預金から支払われた旨，取引銀行より通知を受けた。

〔解答〕（借）支 払 手 形　　10,000　　　（貸）当 座 預 金　　10,000

例題13—1 次の取引を仕訳しなさい。
① 株式会社高知商店から商品￥230,000を仕入れ，代金は約束手形を振り出して支払った。
② 株式会社愛媛商店へ商品￥300,000を販売し，代金は同社振出の約束手形を受け取った。
③ かねて取立てを依頼していた株式会社愛媛商店振出の約束手形￥300,000が支払期日になり，当座預金に入金された旨，取引銀行より通知を受けた。

〔解答〕

① （借）仕　　　　　入　230,000　　（貸）支 払 手 形　230,000
② （借）受 取 手 形　300,000　　（貸）売　　　　　上　300,000
③ （借）当 座 預 金　300,000　　（貸）受 取 手 形　300,000

2 ｜ 受取手形記入帳・支払手形記入帳

受取手形記入帳は，手形の受取りから入金までを記入する補助簿である。記入例は次のとおりとなる。

受取手形記入帳

×年		手形種類	手形番号	摘要	支払人	振出人または裏書人	振出日		満期日		支払場所	支払金額	顛末		
							月	日	月	日			月	日	摘要
7	6	約	37	売　上	株式会社佐賀商店	株式会社佐賀商店	7	6	9	30	九州銀行	30,000	9	30	当座預金入金

支払手形記入帳は，手形の振出から支払までを記入する補助簿である。記入例は次のとおりとなる。

支払手形記入帳

×年		手形種類	手形番号	摘要	受取人	振出人	振出日		満期日		支払場所	支払金額	顛末 てんまつ		
							月	日	月	日			月	日	摘要
7	8	約	56	仕　入	株式会社福岡商店	当　店	7	8	9	30	九州銀行	40,000	9	30	支払済

3 ┃ 手形貸付金・手形借入金

　金銭の貸付かしつけまたは借入かりいれを借用証書しゃくようしょうしょではなく，手形で行うことがある。手形を用いた金銭の貸付の場合は**手形貸付金**てがたかしつけきん勘定（資産）で処理を行い，手形を用いた金銭の借入の場合は**手形借入金**てがたかりいれきん勘定（負債）で処理を行う。

例5　株式会社熊本商店に対して現金￥10,000を貸し付け，約束手形で受け取った。

〔解答〕（借）手 形 貸 付 金　　　10,000　　　　（貸）現　　　　　　金　　　10,000

例6　株式会社鹿児島商店から現金￥20,000を借り入れ，約束手形を振り出した。

〔解答〕（借）現　　　　　　金　　　20,000　　　　（貸）手 形 借 入 金　　　20,000

4 ┃ 貸倒引当金

　得意先の倒産などで，売掛金や受取手形（これらを売上債権という）が回収できなくなる場合がある。これを**貸倒れ**かしだおという。

　当期に貸倒れが発生した場合には，**貸倒損失**勘定（費用）の借方に記入する。それとともに売掛金勘定や受取手形勘定の減少を貸方に記入する。

例7　得意先が倒産し，同店に対する受取手形￥10,000が貸し倒れた。

〔解答〕（借）貸 倒 損 失　　　10,000　　　　（貸）受 取 手 形　　　10,000

　このように売上債権は，貸し倒れるおそれがある。そのため，決算時には，過去の貸倒実績率などにもとづいて貸倒れの予想額を見積もり，売掛金や受取手形のマイナスを意味する**貸倒引当金**かしだおれひきあてきん勘定（評価勘定）を設定する。貸倒引当金勘定は貸方に記入する。貸倒引当金の計算式は次のとおりとなる。

貸倒引当金 ＝ 売上債権の期末残高 × 貸倒設定率

貸倒引当金を設定する際，**貸倒引当金繰入**勘定（費用）を借方に記入する。

例8　決算において，売掛金¥10,000に対し，2％の貸倒引当金を設定する。

〔解答〕　（借）貸 倒 引 当 金 繰 入　　　200　　　　（貸）貸 倒 引 当 金　　　　200

〔解説〕　¥10,000×2％＝¥200

決算時，貸倒引当金を設定する際，以前に設定した貸倒引当金勘定残高がある場合，当期の設定額と期末残高の差額のみを計上する。これを，差額補充法という。

例9　決算において，受取手形の期末残高¥15,000に対して，2％の貸倒引当金を設定する。なお，貸倒引当金の期末残高は¥200である。

〔解答〕　（借）貸 倒 引 当 金 繰 入　　　100　　　　（貸）貸 倒 引 当 金　　　　100

〔解説〕　¥15,000×2％＝¥300　¥300－¥200＝¥100

　なお，以前設定した貸倒引当金勘定残高の差額がマイナスの場合，その差額だけ貸倒引当金を借方に記入し，**貸倒引当金戻入**勘定（収益）を貸方に記入する。これを，差額振戻法という。

例10　決算において，売掛金の期末残高¥20,000に対して，2％の貸倒引当金を設定する。なお貸倒引当金の期末残高は¥500である。

〔解答〕　（借）貸 倒 引 当 金　　　　100　　　　（貸）貸 倒 引 当 金 戻 入　　　100

〔解説〕　¥20,000×2％＝¥400　¥500－¥400＝¥100

前期以前に発生した売上債権が貸倒れた場合は，売掛金勘定や受取手形勘定を減少させる（貸方に記入する）とともに，貸倒引当金を取り崩す。このとき，設定している貸倒引当金を超える額は貸倒損失で処理をする。

例11　得意先が倒産し，同店に対する受取手形¥1,000が貸倒れた。なお，貸倒引当金の残高は¥800である。

〔解答〕　（借）貸 倒 引 当 金　　　　800　　　　（貸）受 取 手 形　　　1,000
　　　　　　　貸 倒 損 失　　　　　200

前期以前に貸倒処理した売上債権を当期に回収した時は，回収額を現金や当座預金で借方に記入するとともに，**償却債権取立益**勘定（収益）を貸方に記入する。

例12　前期に貸倒処理した売掛金¥1,000を当期に現金で回収した。

〔解答〕　（借）現　　　　　金　　　1,000　　　　（貸）償 却 債 権 取 立 益　　1,000

第14章 固定資産取引

1 固定資産の購入

固定資産とは，備品，車両運搬具，建物，土地といった企業が1年を超えて使用するために所有している資産のことを指す。

固定資産を取得した際には，その取得した価格（**取得原価**）でそれぞれの勘定の借方に記入する。取得原価は，購入代価の他に取付費用や仲介手数料などの**付随費用**を加えて計算する。

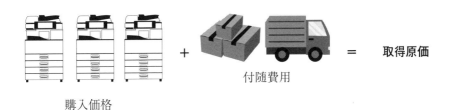

購入価格　＋　付随費用　＝　取得原価

例1 建物￥10,000を購入し，購入代価は小切手を振り出して支払い，購入にあたっての登記料および仲介手数料の合計額￥1,000は現金で支払った。

〔解答〕（借）建　　　　　物　　11,000　　（貸）当　座　預　金　　10,000
　　　　　　　　　　　　　　　　　　　　　　　現　　　　　金　　　1,000

例2 次の取引を仕訳しなさい。
① 備品￥200,000を購入し，購入代価は小切手を振り出して支払い，購入にあたっての取付費用￥15,000は現金で支払った。
② 建物￥350,000を購入し，購入代価と購入にあたっての登記料および仲介手数料の合計額￥30,000は現金で支払った。

〔解答〕

①	（借）	備　　　　品	215,000	（貸）	当　座　預　金	200,000
					現　　　　　金	15,000
②	（借）	建　　　　物	380,000	（貸）	現　　　　　金	380,000

2 │ 減価償却

　固定資産のうち，備品，車両運搬具，建物などは使用もしくは時間経過によってその価値が減少する。その価値の減少分を使用する会計期間に費用として決算時に配分する必要がある。このことを**減価償却**といい，計上される費用のことを**減価償却費**という。

　減価償却費の計算方法はいくつかあるが，その中でも定額法の説明を行う。**定額法**は毎期一定額の減価償却費を計上するものである。

　定額法で減価償却費を計上するためには，取得原価，残存価額および耐用年数を用いる。**残存価額**とは売却時に予想される売却価額のことをいい，**耐用年数**とは固定資産が使用に耐える年数を見積もったものをいう。

　これらの3つを用いた減価償却費の計算式は以下のとおりである。

$$減価償却費 = \frac{（取得原価－残存価額）}{耐用年数}$$

　ただし，固定資産を期中に購入した場合は，上記の計算式とともに購入し使用した期間に応じて月割計算をしなければならない。それが以下の計算式である。

$$減価償却費 \times \frac{期中使用月から決算日までの月数}{12ヵ月}$$

　減価償却の記帳方法には，直接法と間接法の2つがある。

　直接法は，減価償却費勘定を用いるとともに，固定資産の取得原価から直接控除する方法をいう。

　間接法は，減価償却費勘定を用いるとともに，**減価償却累計額**勘定を用いて間接的に控除する方法である。なお，減価償却累計額は，資産のマイナス勘定であり，資産勘定の控除項目としての性格を持っている。減価償却累計額は固定資産の勘定科目（建物・備品）によってそれぞれ計上する。具体的には建物減価償却累計額，備品減価償却累計額等である。説明では単純化するために，減価償却累計額で統一している。

　ここでは間接法について説明を行う。

　例3　決算に際し，当期首に取得した建物（取得原価￥20,000，耐用年数20年，残存価額は取得原価の10％）の減価償却を行うこととなった。なお，減価償却は定額法により間接法で記帳している。

〔解答〕（借）減 価 償 却 費　　　900　　　（貸）減価償却累計額　　　900

例題14―1　次の取引を仕訳しなさい。

① 決算に際し，当期首に取得した建物（取得原価¥400,000，耐用年数20年，残存価額は取得原価の10%）の減価償却を行うこととなった。なお，減価償却は定額法により間接法で記帳している。

② 決算に際し，当期首に取得した備品（取得原価¥50,000，耐用年数５年，残存価額はゼロ）の減価償却を行うこととなった。なお，減価償却は定額法により間接法で記帳している。

〔解答〕

① （借）減 価 償 却 費　　18,000　　（貸）減価償却累計額　　18,000
② （借）減 価 償 却 費　　10,000　　（貸）減価償却累計額　　10,000

3 ｜ 固定資産の売却

固定資産を売却する際には，売却損益を計算する必要がある。帳簿価額よりも売却価額が高い場合に**固定資産売却益**勘定，取得原価よりも売却価額が低い場合には**固定資産売却損**勘定を用い，帳簿価額と売却価額の差額を計上する。

ここで注意しなければならないのは，減価償却の記帳方法によって仕訳が異なることである。

例4　建物（取得原価¥20,000，減価償却累計額¥9,000）を¥10,000で売却し，代金は現金で受け取った。なお，減価償却は定額法により間接法で記帳している。

〔解答〕（借）現　　　　　金　　10,000　　（貸）建　　　　物　　20,000
　　　　　減 価 償 却 累 計 額　　9,000
　　　　　固 定 資 産 売 却 損　　1,000

例5　備品（取得原価¥1,000，減価償却累計額¥720）を¥100で売却し，代金は現金で受け取った。なお，この備品は間接法で記帳している。

〔解答〕（借）現　　　　　金　　　100　　（貸）備　　　　品　　1,000
　　　　　減 価 償 却 累 計 額　　720
　　　　　固 定 資 産 売 却 損　　180

例6　次の取引を仕訳しなさい。
① 建物（取得原価¥300,000，減価償却累計額¥234,000）を¥100,000で売却し，代金は小切手で

受け取った。なお，この建物は間接法で記帳している。
②　備品（取得原価¥250,000，減価償却累計額¥200,000）を¥40,000で売却し，代金は小切手で受け取った。なお，この備品は間接法で記帳している。

〔解答〕

①	（借）	現　　　　　金	100,000	（貸）	建　　　　物	300,000
		減価償却累計額	234,000		固定資産売却益	34,000
②	（借）	現　　　　　金	40,000	（貸）	備　　　品	250,000
		減価償却累計額	200,000			
		固定資産売却損	10,000			

第15章

その他の債権・債務取引

1 ┃ 貸付金と借入金

　企業は手持ち資金にゆとりがある場合や不足している場合に，取引先や金融機関との合意をもとに「借用証書」を作成し，資金の貸し借りをすることがある。

　資金を貸し付けた場合，後でお金を返済してもらえる権利が発生するので**貸付金**勘定（資産）を借方に記入する。また返済を受けた場合，権利が消滅するため貸付金勘定を貸方に記入する。資金が不足し，資金を借り入れた場合，後でお金を返済する義務が発生するので**借入金**勘定（負債）を貸方に記入する。また返済した場合，義務が消滅するため借入金勘定を借方に記入する。

　資金の貸借を行った場合，利子が発生する。この利子を受け取った場合には，**受取利息**勘定（収益）を貸方に記入する。利子を支払った場合には，**支払利息**勘定（費用）を借方に記入する。

　また取引先，銀行から以外にも，従業員や役員への貸付けや役員からの借入れといったことも行われる。その際には他と区別するために，従業員貸付金（資産），役員貸付金（資産）や役員借入金（負債）といった勘定科目を用いる場合もある。

　さらに第13章で取り上げたが，借用証書を用いず，約束手形を用いて資金の貸し借りをする場合もある。

例1　株式会社佐賀商店は，株式会社宮崎商店に対して¥1,000を現金で貸し付け，借用証書を受け取った。

〔解答〕　（借）貸　付　金　　　1,000　　　（貸）現　　　　金　　　1,000

例2　株式会社佐賀商店は，株式会社宮崎商店から貸付金の利息¥20を現金で受け取った。

〔解答〕　（借）現　　　　金　　　　20　　　（貸）受　取　利　息　　　　20

例3　株式会社佐賀商店は，株式会社宮崎商店から貸付金¥1,000の返済を受け，現金で受け取った。

〔解答〕 （借）現　　　　　金　　1,000　　　（貸）貸　付　　金　　1,000

例4 株式会社宮崎商店は，株式会社佐賀商店から¥1,000を現金で借り入れた。

〔解答〕 （借）現　　　　　金　　1,000　　　（貸）借　入　　金　　1,000

例5 株式会社宮崎商店は，株式会社佐賀商店から借入金の利息¥200を現金で支払った。

〔解答〕 （借）支　払　利　息　　200　　　（貸）現　　　　金　　200

例6 株式会社宮崎商店は，株式会社佐賀商店に対する借入金¥1,000を現金で返済した。

〔解答〕 （借）借　入　　金　　1,000　　　（貸）現　　　　金　　1,000

例題15—1 次の取引を仕訳しなさい。
① 株式会社長崎商店に¥200,000を貸し付けた。
② 株式会社福岡商店より¥100,000を借り入れた。
③ 株式会社長崎商店から貸付金の利息¥400を現金で受け取った。
④ 株式会社福岡商店に対する借入金¥100,000を現金で返済した。

〔解答〕

① （借）貸　付　金　　200,000　　（貸）現　　　　金　　200,000
② （借）現　　　　金　　100,000　　（貸）借　入　　金　　100,000
③ （借）現　　　　金　　400　　（貸）受　取　利　息　　400
④ （借）借　入　　金　　100,000　　（貸）現　　　　金　　100,000

2 未収入金と未払金

　商品売買時には代金を後から受け取るまたは支払う場合，売掛金勘定（資産）・買掛金勘定（負債）を用いる。しかし，建物，備品や有価証券などの商品売買以外で代金を後払いにした場合，後から代金を受け取る権利が発生するときは，**未収入金**勘定（資産）を借方に記入する。後から代金を支払う義務が発生したときは，**未払金**勘定（負債）を貸方に記入する。

株式会社福岡商店（売主）　　　①売買（商品売買以外）　　株式会社長崎商店（買主）
→未収入金（資産）　　　　　②後日支払　　　　　→未払金（負債）

例7　備品￥25,000（取得原価￥20,000）を売却し，代金は月末に受け取ることとした

〔解答〕（借）未　収　入　金　　25,000　　　（貸）備　　　　　　品　　20,000
　　　　　　　　　　　　　　　　　　　　　　　　固定資産売却益　　　5,000

例8　月末となり，未収入金￥25,000を現金で受け取った。

〔解答〕（借）現　　　　　金　　25,000　　　（貸）未　収　入　金　　25,000

例9　株式会社鹿児島商店は，備品￥50,000を購入し，代金は月末に支払うこととした。

〔解答〕（借）備　　　　　品　　50,000　　　（貸）未　　払　　金　　50,000

例10　月末となり，未払金￥50,000を現金で支払った。

〔解答〕（借）未　　払　　金　　50,000　　　（貸）現　　　　　金　　50,000

例題15—2　次の取引を仕訳しなさい。
① 備品（簿価￥20,000）を￥20,000で売却し，代金は月末に受け取ることとした。
② 備品を￥35,000で購入し，代金は月末に支払うこととした。
③ かねて売却した備品の未収入金￥20,000を現金で受け取った。

〔解答〕

① （借）未　収　入　金　　20,000　　（貸）備　　　　　品　　20,000
② （借）備　　　　　品　　35,000　　（貸）未　　払　　金　　35,000
③ （借）現　　　　　金　　20,000　　（貸）未　収　入　金　　20,000

3 ┃ 前払金と前受金

　商品の注文時に代金の一部を手付金や内金として前払いもしくは前受けすることがある。前払いした場合は，後から商品を受け取る権利が発生するため，**前払金**勘定（資産）を借方に記入する。前受けした場合は，後から商品を引き渡す義務が発生するため，**前受金**勘定（負債）を貸方に記入する。

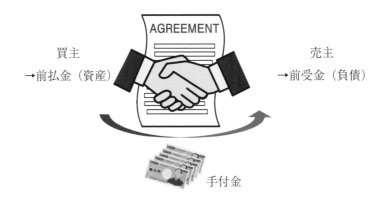

買主　　　　　　　　　　　　　　　　　売主
→前払金（資産）　　　　　　　　　　　→前受金（負債）

手付金

例11　株式会社大分商店に商品￥10,000を注文し，内金として￥2,000を支払った。

〔解答〕　（借）前　　払　　金　　　2,000　　　　（貸）現　　　　　金　　　2,000

例12　かねて株式会社大分商店に注文した商品￥10,000を受け取った。代金のうち￥2,000は注文時に支払った内金と相殺し，残額は掛けとした。

〔解答〕　（借）仕　　　　　入　　　10,000　　　　（貸）前　　払　　金　　　2,000
　　　　　　　　　　　　　　　　　　　　　　　　　　　　買　　掛　　金　　　8,000

例13　株式会社鹿児島商店より商品￥30,000の注文を受けた。その際，内金として現金￥3,000を受け取った。

〔解答〕　（借）現　　　　　金　　　3,000　　　　（貸）前　　受　　金　　　3,000

例14　かねて株式会社鹿児島商店に注文を受けた商品￥30,000を販売し，代金のうち￥3,000は注文時に受け取った内金と相殺し，残額は掛けとした。

〔解答〕　（借）前　　受　　金　　　3,000　　　　（貸）売　　　　　上　　　30,000
　　　　　　　　売　　掛　　金　　27,000

例題15—3　次の取引を仕訳しなさい。

①　株式会社長崎商店に商品￥25,000を販売し，代金のうち￥4,000は注文時に受け取った内金と相殺し，残額は掛けとした。

②　株式会社福岡商店に商品￥10,000を注文し，内金として現金￥1,000を支払った。

③　株式会社山口商店から商品￥50,000の注文を受け，内金として現金￥10,000を受け取った。

④　株式会社福岡商店から商品￥10,000を仕入れ，代金のうち，￥1,000は注文時に支払った内金と相殺し，残額は掛けとした。

〔解答〕

①　（借）前　　受　　金　　　4,000　　　　（貸）売　　　　　上　　　25,000
　　　　　売　　掛　　金　　21,000

②	（借）	前	払	金	1,000	（貸）	現		金	1,000
③	（借）	現		金	10,000	（貸）	前	受	金	10,000
④	（借）	仕		入	10,000	（貸）	前	払	金	1,000
							買	掛	金	9,000

4 ｜ 仮払金と仮受金

　現金などの支払いや受取りがあったが，その原因が不明な場合や金額が未確定の場合がある。このような場合，原因または金額が判明するまで一時的に用いる勘定科目がある。現金などの支払いを行ったが，原因や正確な金額が不明な場合は，**仮払金**勘定（資産）を借方に記入する。現金などを受け取ったが，原因や正確な金額が不明な場合は，**仮受金**勘定（負債）を貸方に記入する。

　なお，これらの勘定科目は一時的な処理に用いるため，その原因や正確な金額が判明した際には，**振替処理**が必要となる。

例15　従業員の出張にあたり，旅費の概算額¥30,000を現金で前渡しした。

〔解答〕（借）仮　払　金　30,000　　（貸）現　　　金　30,000

例16　従業員が出張から戻り，概算払い¥30,000のうち，旅費として¥29,000を支払ったと報告を受け，残金は現金で受け取った。

〔解答〕（借）旅 費 交 通 費　29,000　　（貸）仮　払　金　30,000
　　　　　　現　　　金　1,000

〔解説〕　旅費交通費勘定は費用であるため，発生した場合には借方に記載する。また，旅費勘定を用いてもよい。

例17　出張中の従業員から，取引銀行の当座預金口座に¥30,000の入金があったが，その内容は不明である。

〔解答〕（借）当 座 預 金　30,000　　（貸）仮　受　金　30,000

例18　従業員が帰社し，例17の送金は株式会社大分商店に対する売掛金の回収分であることが判明した。

〔解答〕（借）仮　受　金　30,000　　（貸）売　掛　金　30,000

例題15—4　次の取引を仕訳しなさい。
① 社員の出張にあたり，旅費の概算額¥20,000を現金で渡した。
② 社員が出張より帰社し，当座預金¥60,000の送金は，株式会社佐賀商店に対する売掛金の回収分であることが判明した。

〔解答〕

① （借）仮　払　金　　20,000　　（貸）現　　　金　　20,000
② （借）仮　受　金　　60,000　　（貸）売　掛　金　　60,000

5 立替金と預り金

　取引先や従業員の代わりに，金銭を一時的に立て替えて支払った場合，立替金勘定（資産）を借方に記入する。ただし，従業員に対して金銭を立て替えた場合は，取引先のものとは区別するために従業員立替金勘定を用いることもある。

　従業員の給料から源泉所得税や社会保険料を源泉徴収（天引き）した場合，預り金勘定（負債）を貸方に記入する。ただし，企業は後日国などに納めなければならない。そのため，内容を明確に区別するために所得税預り金勘定や社会保険料預り金勘定を用いる場合もある。

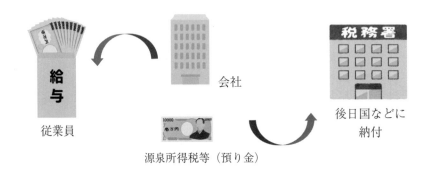

例19　従業員に給料の前貸しとして現金¥20,000を渡した。

〔解答〕（借）立　替　金　20,000　　（貸）現　　　金　20,000

例20　従業員の給料¥200,000のうち，さきに立て替えていた¥20,000を差し引き，残額は現金で支給した。

〔解答〕（借）給　　　料　200,000　　（貸）立　替　金　　20,000
　　　　　　　　　　　　　　　　　　　　　現　　　金　180,000

〔解説〕給料勘定は費用のため，借方に記入する。

例21　従業員の給料￥200,000のうち，源泉所得税￥15,000を差し引き，残額を現金で支給した。

〔解答〕（借）給　　　　　　料　　200,000　　（貸）預　　　り　　金　　15,000
　　　　　　　　　　　　　　　　　　　　　　　　　　現　　　　　　金　　185,000

例22　源泉所得税￥15,000を税務署に現金で納付した。

〔解答〕（借）預　　　り　　金　　15,000　　（貸）現　　　　　　金　　15,000

6 ┃ 受取商品券

　商品券は，加盟店の共通商品券など，他社や自治体といったさまざまな団体が発行したものである。企業は，このような商品券を取り扱う場合がある。他店発行の商品券を商品売買時に受け取った場合，後日，その商品券を買い取ってもらう権利が発生する。そのため，**受取商品券**勘定（資産）を借方に記入する。

例23　商品￥50,000を販売し，代金のうち他店発行の商品券を￥20,000分で，残額は現金で受け取った。

〔解答〕（借）受　取　商　品　券　　20,000　　（貸）売　　　　　上　　50,000
　　　　　　　現　　　　　　金　　30,000

例24　当店保有の受取商品券￥20,000について換金請求を行い，現金で受け取った。

〔解答〕（借）現　　　　　　金　　20,000　　（貸）受　取　商　品　券　　20,000

例題15—5　次の取引を仕訳しなさい。
①　商品￥20,000を販売し，代金は当店と連盟している百貨店の商品券で受け取った。
②　当店保有の他店商品券￥40,000について換金請求を行い，現金を受け取った。

〔解答〕

①　（借）受　取　商　品　券　　20,000　　（貸）売　　　　　上　　20,000
②　（借）現　　　　　　金　　40,000　　（貸）受　取　商　品　券　　40,000

7 ┃ 差入保証金

　一般の人が家を借りる時に敷金や保証金を支払う。これは企業も同じであり，企業が使用する事務所や店舗物件を借りるときに敷金，保証金を払っている。敷金や保証金は，不動産の賃

貸借契約を行う際に，家賃などの債務の不履行があった際の担保として家主に差し入れるものである。また，契約終了時に債務不履行がなければ，原則全額返金される。このため，**差入保証金勘定**（資産）を用いる。

> **例25** 株式会社福岡商店は店舗物件を借りるため敷金 ¥500,000を現金で支払った。

〔解答〕（借）差 入 保 証 金　　500,000　　（貸）現　　　　　　金　　500,000

> **例26** 株式会社福岡商店は店舗物件の退去に伴い，先に支払っていた敷金 ¥500,000が返却され，現金で受け取った。

〔解答〕（借）現　　　　　　金　　500,000　　（貸）差 入 保 証 金　　500,000

8 │ 電子記録債権・電子記録債務

電子記録債権勘定（資産）と**電子記録債務**勘定（負債）は電子（コンピュータ）上に記録された債権と債務であり，これらの電子記録は取引銀行からの通知を基に電子債権記録機関において記録される。また支払期日になると，自動的に支払企業の口座から資金を引き落とし，納入企業の口座へ払込みが行われ，支払いが完了した旨を電子債権記録機関が「支払等記録」として記録する。

また電子上の記録であるため，作成，交付，保管コストや紛失・盗難リスクの低減ができ，分割することも可能なため，昨今では売掛金や買掛金，約束手形のかわりとして普及している。

> **例27** かねて商品を掛けで販売した代金について，売掛金 ¥20,000の回収を電子債権記録機関で行うため，取引銀行を通して債権の発生記録を行った。

〔解答〕（借）電 子 記 録 債 権　　20,000　　（貸）売　　掛　　金　　20,000

> **例28** かねて電子債権記録機関に発生記録した債権 ¥20,000の支払期日が到来し，取引銀行より普通預金口座に振り込まれた通知があった。

〔解答〕（借）普 通 預 金　　20,000　　（貸）電 子 記 録 債 権　　20,000

> **例29** かねて商品を掛けで購入した代金について，買掛金 ¥20,000の支払いを電子債権記録機関で行うため，取引銀行を通して債務の発生記録を行った。

〔解答〕（借）買　　掛　　金　　20,000　　（貸）電 子 記 録 債 務　　20,000

> **例30** かねて電子債権記録機関に発生記録した債務 ¥20,000の支払期日が到来し，取引銀行より当座預金口座から引き落とされた通知があった。

〔解答〕（借）電 子 記 録 債 務　　20,000　　（貸）当 座 預 金　　20,000

第16章

株式会社の資本取引

1 株式会社の純資産（資本）

(1) 株式会社の設立

　会社法上の会社には株式会社と持分会社の2つの類型があり，持分会社には，合名会社・合資会社・合同会社という3つの種類がある。ここでは株式会社について説明する。

　株式会社は，株式を発行して多くの出資者である株主から資金を調達し，経営活動を行う。株主は会社の所有者ではあるものの，株式の引受価額（出資した金額）を限度として責任を負うのである。これを株主の有限責任という。このように株主の責任が有限であるからこそ，株式会社は，多くの出資者（株主）から容易に資金調達することができる。

　株式会社を設立するためには，会社法の規定により，まず発起人が定款を作成し，次に株式を発行してその引受けと払込みを受け，最後に会社設立の登記を登記所（法務局）で行う必要がある。ここで定款とは，設立予定の会社に関する基本事項（会社の目的，商号など）を定めた文書のことである。定款には，「株式会社が発行することができる株式の総数」を必ず記載しなければならない（会社法第37条第1項）。これを発行可能株式総数といい，その範囲であれば，会社は取締役会の決議に基づいて，いつでも自由に株式を発行することができる。

　個人が株式会社の設立を決め，株式を発行することとなり，1株@¥100の株式を100株発行した。全額の払込みは，当座預金とした。

　この場合の計算式は，@¥100×100株＝¥10,000となる。

　なお，原則として払込金額の全額を**資本金**勘定（純資産）として処理する。

　仕訳は以下のとおりとなる。

（借）当　座　預　金　　10,000　　　（貸）資　　本　　金　　10,000

　例1　株式会社岡山商店は，会社の設立にあたり株式500株を1株あたり¥100で発行し，全株式の払込みを受け，払込金額は当座預金とした。

〔解答〕（借）当 座 預 金　　50,000　　　（貸）資　　本　　金　　50,000

(2) 増資

　会社設立後に順調に業績が向上し，事業拡大する必要性がでてきたため資金が必要となった。そこで資本金を増やすため，株式を発行する。これを増資という。

　増資で株式を発行した時も，設立の時と同様に，原則として払込金額の全額を資本金（純資産）として処理する。

　例2　株式会社岡山商店は，増資のため，株式100株を1株あたり¥100で発行し，全株式の払込みを受け，払込金額は当座預金とした。

〔解答〕（借）当 座 預 金　　10,000　　　（貸）資　　本　　金　　10,000

(3) 当期純利益

　収益から費用を差し引いて，当期純利益や当期純損失を計算する。この当期純損益は損益計算書（P/L）で計算される。とりわけ，当期純利益を計上した場合は，会社の純資産（資本）が増えたということになるため，**繰越利益剰余金**（純資産）の増加として処理する。

　具体的には，損益勘定から繰越利益剰余金という純資産（資本）の勘定の貸方に振り替える。

　例3　株式会社岡山商店は第1期の決算において当期純利益¥1,500を計上した。

〔解答〕（借）損　　　　益　　1,500　　　（貸）繰越利益剰余金　　1,500

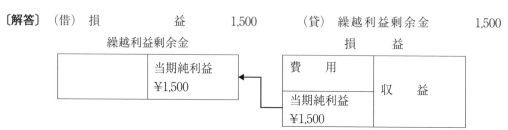

　一方，当期純損失を計上した時は，資本（元手）の減少として，損益勘定から繰越利益剰余金の借方に振り替える。

　例4　株式会社岡山商店は第1期の決算において当期純損失¥1,000を計上した。

〔解答〕（借）繰 越 利 益 剰 余 金　　1,000　　　（貸）損　　　　益　　1,000

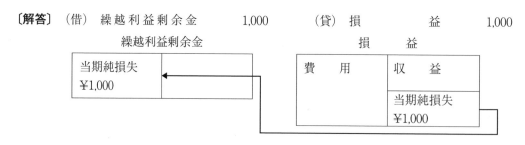

(4) 剰余金

　株式会社では，会社の利益（剰余金）は出資者である株主のものである。つまり，会社の利益は株主に配当する必要がある。しかし，すべての利益を配当として分配してしまうと，会社に利益が残らず，会社の成長に寄与しない状態となる。そこで，利益のうち一部を社内に内部留保することができる。また，会社法の規定によって，積立てが強制されるものもある。

　このように利益の使い道を決めることを剰余金の配当と処分という。なお，株主総会とは，株主が会社の基本的な経営方針や利益の使い道（配当，処分）などを決定する機関である。

　例5　株式会社岡山商店の第1期株主総会において，繰越利益剰余金¥1,000を次のように配当，処分することが承認された。
　株主配当金¥400，利益準備金¥40

〔解答〕　（借）繰越利益剰余金　　　440　　　（貸）未払配当金　　　400
　　　　　　　　　　　　　　　　　　　　　　　　利益準備金　　　　40

　剰余金の配当とは，株主に対する配当をいい，剰余金の処分とは，配当以外の利益の使い道をいう。なお，剰余金の処分項目には，会社法で積み立てが強制されている利益準備金（純資産）などがある。

　株主総会で剰余金の配当や処分が決まった時には，繰越利益剰余金からそれぞれの勘定科目に振り替える。ただし，株主配当金は株主総会では金額が決定するだけで，支払いは後日となるため，**未払配当金**勘定（負債）で処理をする。

貸借対照表

資　産	負　債	未払配当金	⊕
	純資産 （資本）	利益準備金	⊕
		繰越利益剰余金	⊖

　株主総会後，株主に配当金を支払った時は，未払配当金（負債）が減少するとともに，現金や当座預金（資産）が減少する。

　なお，仕訳は以下のとおりとなる。

（借）未払配当金　　　400　　　（貸）現　　　金　　　400

第  章

株式会社の税金

1 法人税等を中間申告および納付したときの仕訳

⑴ 法人税・住民税・事業税の処理

株式会社などの法人には，利益に対して法人税が課せられる。また，法人が支払うべき住民税や事業税も同様に課される。処理として，法人税・住民税・事業税は，**法人税，住民税及び事業税**勘定（費用）を用いる。

⑵ 法人税等を中間申告，納付したときの仕訳

法人税等は会社（法人）の利益に対して決められた率で課されるため，その金額は決算にならないと確定できない。

しかし，中間申告は年1回の決算をする会社では，会計期間（事業年度）の半ばで6ヵ月の概算額を申告（中間申告という）して税金を納付しなければならない。

法人税等の中間申告・納付額があくまでも概算額であるため，**仮払法人税等**勘定（資産）として処理する。

（中間申告）

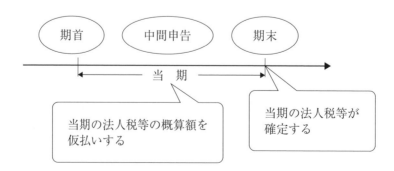

例1　株式会社岡山商店は，法人税の中間納付を行い，総額¥1,000の小切手を振り出して納付した。なお，決算は年1回である。

〔解答〕　（借）仮 払 法 人 税 等　　　1,000　　　（貸）当 座 預 金　　　1,000

2 ｜ 法人税が決算時において確定したときの仕訳

(1)　法人税が確定したときの仕訳

決算において，当期の法人税等の金額が確定したときは，借方に法人税，住民税及び事業税を計上する。

法人税等の金額が確定したため，中間申告・納付時に借方に計上した**仮払法人税等**勘定（資産）を減らして貸方に記入する。

また，確定した金額と仮払法人税等の金額の差額は，これから納付しなければならない金額のため，**未払法人税等**勘定（負債）として処理する。

例2　決算日の結果，法人税，住民税及び事業税が¥2,100と計算された。なお，この金額から中間納付額¥1,000を差し引いた金額を未払分として計上した。

〔解答〕　（借）法人税，住民税及び事業税　　2,100　　　（貸）仮 払 法 人 税 等　　1,000
　　　　　　　　　　　　　　　　　　　　　　　　　　　　　未 払 法 人 税 等　　1,100

(2)　未払法人税等を納付したとき（確定申告時）の仕訳

決算において確定した法人税等は，原則として決算後2ヵ月以内に申告（確定申告）をして，納付する。

この場合，未払法人税等を納付したときは，未払法人税等（負債）を減少させる。

例3　例2で確定申告と納付時となったため，未払法人税等¥1,100を現金にて納付した。

〔解答〕　（借）未 払 法 人 税 等　　　1,100　　　（貸）現　　　　　金　　　1,100

3 ｜ 消費税の処理

(1)　消費税を支払ったときの仕訳

消費税はモノやサービスに対して課される税金である。たとえば，モノを買った人やサービスを受けた人が負担する（支払う）税金である。

　具体的には，株式会社岡山商店が株式会社大阪商店から商品を仕入れ，税込価額￥1,100（うち消費税￥100）を支払い，この商品を京都株式会社に売り上げ，税込価額￥3,300（うち消費税￥300）を受け取ったとする。この場合，株式会社岡山商店は，受け取った消費税￥300と支払った消費税￥100の差額￥200を税務署に納付することになる。なお，ここでは消費税を10％として計算している。

　消費税の処理には，税抜方式と税込方式がある。ここでは，税抜方式について説明する。

　この税抜方式は，支払った消費税や受取った消費税を仕入や売上に含めない方法である。支払った消費税は仕入価額に含めず，**仮払消費税**勘定（資産）として処理する。

例4　株式会社岡山商店は株式会社大阪商店より商品￥1,100（税込価額）を仕入れ，代金は現金で支払った。なお，消費税は10％である。

〔解答〕　（借）仕　　　　　　入　　　1,000　　　（貸）現　　　　　金　　　1,100
　　　　　　　　仮 払 法 人 税 等　　　　100

（計算方法）
支払った消費税額⇒￥1,100×$\frac{10\%}{100\%+10\%}$ ＝ ￥100
仕入価額（税抜）⇒ ￥1,100 － ￥100 ＝ ￥1,000

(2)　消費税を受け取ったときの仕訳

　税抜方式で処理する場合，受け取った消費税額は売上原価に含めず，**仮受消費税**勘定（負債）として処理する。

例5　株式会社岡山商店は株式会社京都商店へ商品￥3,300（税込価額）を売り上げ，代金は現金で受け取った。なお，消費税は10％である。

〔解答〕　（借）現　　　　　金　　　3,300　　　（貸）売　　　　　上　　　3,000
　　　　　　　　　　　　　　　　　　　　　　　　仮 受 消 費 税　　　　300

（計算方法）
受け取った消費税額⇒￥3,300×$\frac{10\%}{100\%+10\%}$ ＝ ￥300
売上価額（税抜）⇒ ￥3,300 － ￥300 ＝ ￥3,000

(3)　消費税における決算時の仕訳

　決算時の仕訳では，株式会社は支払った消費税（仮払消費税）と受け取った消費税（仮受消費税）の差額を税務署に納付する。そこで，決算において仮払消費税（資産）と仮受消費税（負

債）を相殺する。なお，貸借差額は**未払消費税**勘定（負債）として処理する。

［例6］　株式会社岡山商店は決算日となり，仮払消費税￥100と仮受消費税￥300を相殺し，納付額を確定する。なお，税抜方式で処理をしている。

〔解答〕　（借）仮 受 消 費 税　　　　300　　　（貸）仮 払 消 費 税　　　100
　　　　　　　　　　　　　　　　　　　　　　　　　　　未 払 消 費 税　　　200

⑷　消費税の納付日が到来し，その納付をしたときの仕訳

消費税の確定申告をして納付したときには，未払消費税を支払ったということになるため，未払消費税勘定（負債）の減少として処理する。

［例7］　例6の株式会社岡山商店は消費税を確定したあと確定申告をして，未払消費税￥200を現金で納付した。

〔解答〕　（借）未 払 消 費 税 等　　200　　　（貸）現　　　　金　　　　200

4 ｜ 印紙税・固定資産税の処理

⑴　株式会社が納める税金

株式会社が納める税金には，国税（国が課する税金）と地方税（地方公共団体が課する税金）に分類される。国税には，法人税，印紙税などがあり，地方税には，住民税，事業税，固定資産税などがある。また，これらの税金は，税法上，費用として認められない法人税，住民税，費用として認められる事業税，固定資産税，印紙税などがある。

⑵　費用として認められる税金

事業税，印紙税，固定資産税などは，企業の経営（企業）活動に必要な支払い（事業の必要経費）であると考えられ，企業の費用として認められている。これを納付した際，事業税，印紙税，固定資産税などの勘定または**租税公課**勘定（費用）の借方に記入する。

①　印紙税

印紙税は，契約書や領収書などの作成や，手形などを振出したとき，印紙税法によりそれぞれの金額に応じて収入印紙を貼り，消印することによって納付したことになる。通常では，収入印紙を購入したときに印紙税勘定または租税公課勘定の借方に記入する。

・収入印紙を購入し，代金は現金で支払ったとき

（借）租　税　公　課　　×××　　　　（貸）現　　　　　金　　×××

例8　収入印紙 ¥23,000を購入し現金で納付した。

〔解答〕（借）租　税　公　課　　23,000　　　　（貸）現　　　　金　　23,000

②　固定資産税

固定資産税は，土地，建物などを基準に課せられる税金であり，事業の必要経費として処置することが認められている。毎年1月1日に企業が所有している固定資産の評価を基準にして課せられ，年間4回（4月，7月，12月，翌年2月）に分けて納付する。

・固定資産税の第一期分を現金で納付したとき

（借）租　税　公　課　　×××　　　　（貸）現　　　　　金　　×××

例9　固定資産税の第二期分 ¥60,000を現金で納付した。

〔解答〕（借）租　税　公　課　　60,000　　　　（貸）現　　　　金　　60,000

とくに，固定資産税については，地方公共団体の税務事務所から納税通知書が送られてくる。この納税通知書を受け取ったとき，納税義務が確定するというところから，次のとおり仕訳することもある。

・納税通知書を受け取ったとき

（借）租　税　公　課　　×××　　　　（貸）未　払　税　金　　×××

例10　固定資産税の納税通知書 ¥240,000（各一期分 ¥60,000）を受け取った。

〔解答〕（借）租　税　公　課　　240,000　　　　（貸）未　払　税　金　　240,000

・固定資産税の第一期分を現金で納付したとき

（借）未　払　税　金　　×××　　　　（貸）現　　　　　金　　×××

例11　固定資産税の第一期分 ¥60,000を現金で納付した。

〔解答〕（借）未　払　税　金　　60,000　　　　（貸）現　　　　金　　60,000

第18章 費用・収益の前払・前受・未払・未収

1 損益の整理

収益とは，純資産を増加させる原因をいい，**費用**とは，純資産を減少させる原因をいう。純資産の増加は資産の増加または負債の減少によって生じ，純資産の減少は資産の減少または負債の増加によって生じることから，収益と費用の発生は，資産と負債の増減によると次のとおり結びつくことになる。

《資産・負債の関係と収益・費用の発生》

資産の増加｝
負債の減少｝収益の発生　　費用の発生｛資産の減少
｛負債の増加

　ところで，役務（サービス）の提供契約（賃貸借契約，保険契約，消費貸借契約）に基づく地代，保険料，利息などのように，時間の経過に伴って収益または費用となる項目がある。これらの，①一定の契約に従い，②継続して，③役務（サービス）の提供を受ける場合，もしくは提供する場合，関連した費用・収益は，時の経過に伴い発生する。したがって，これらの項目について，時の経過に基づいて費用・収益を計上するのが正しい（時間基準による計上）。一方，期中における元帳の記入は，現金の収入・支出に基づいて記録される（収益基準による計上）。そのことにより，現金の収入・支出に基づいて元帳に記入されている額（元帳上の勘定残高）と時の経過に基づいて費用・収益の発生高（実際発生高）とは，一致しない場合がある。

　したがって，正しい期間損益計算を行う必要性が起こってくる。そこで，決算に際し，実際発生高に合わせて，帳簿記録のほうを修正することになる。つまり，役務（サービス）の利用または提供と対価の授受との間に時間的誤差があるため，決算日に帳簿記録の修正を決算修正事項の１つとして，費用・収益の繰延べと見越しが行われている。

2 費用の繰延べ（前払費用）

前払費用は，すでに当期に支払った金額のうち，次期以降の費用とすべき分（費用の前払分）については，当期の費用から除くとともに，前払費用（資産）として次期以降に繰り延べなければならない。

たとえば，保険料，地代，家賃，利息などを前払いしたときに生じる。すでに当期に支払った金額（¥24,000）のうち，次期以降の費用とすべき分（費用の前払分¥6,000）については，当期の費用から除くとともに，前払費用（資産）として次期以降に繰り延べなければならない。これを**費用の繰延べ**という。前払費用勘定は，すでに当期に支払っており，次期にサービスの提供が受けられる権利をあらわすため，資産の勘定となる。

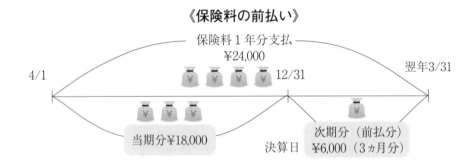

《保険料の前払い》

例1 次の一連の取引を仕訳しなさい。
4月1日 1年分（4／1～翌年3／31）の火災保険料¥24,000を現金で支払った。
12月31日 決算に際し，保険料のうち前払分¥6,000を次期に繰り延べた。
〃 保険料の当期分¥18,000を損益勘定に振り替えた。

〔解答〕

4／1	（借）	保　　険　　料	24,000	（貸）	現　　　　　金	24,000
12/31	（借）	前 払 保 険 料	6,000	（貸）	保　　険　　料	6,000
〃	（借）	損　　　　　益	18,000	（貸）	保　　険　　料	18,000

（注）　前払保険料は，次期には費用となるから，次期の最初の日付で保険料勘定に振り替えておく。これを再振替（または振戻し）といい，このための仕訳を再振替仕訳という。

例2 1月1日 前払保険料¥6,000を保険料勘定に再振替した。

〔解答〕

1／1	（借）	保　　険　　料	6,000	（貸）	前 払 保 険 料	6,000

保　険　料					
4/1	現　　　　金	24,000	12/31	前払保険料	6,000
			〃	損　　　益	18,000
		24,000			24,000
1/1	前払保険料	6,000			

前払保険料					
12/31	保　険　料	6,000	**12/31**	**次 期 繰 越**	**6,000**
1/1	前期繰越	6,000	1/1	保　険　料	6,000

3 | 収益の繰延べ（前受収益）

前受収益は，すでに当期に受け取った金額のうち，次期以降の収益とすべき分（収益の前受分）については，当期の収益から除くとともに，前受収益（負債）として次期以降に繰り延べなければならない。

たとえば，地代，家賃，利息などを前受けしたときに生じる。すでに当期に受け取った金額（¥60,000）のうち，次期以降の収益とすべき分（収益の前受分¥25,000）については，当期の収益から除くとともに，前受収益（負債）として次期以降に繰り延べなければならない。これを**収益の繰延べ**という。前受収益勘定は，すでに当期に受け取っており，次期にサービスの提供をしなければならない義務をあらわすため，負債の勘定となる。

《家賃の前受け》

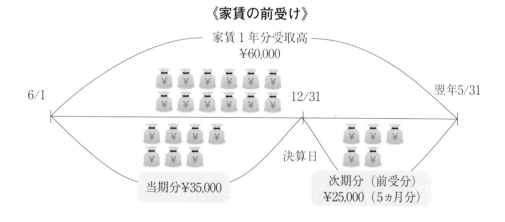

例3　次の一連の取引を仕訳しなさい。
6月1日　1年分（6／1〜翌年5／31）の家賃¥60,000を現金で受け取った。
12月31日　決算に際し，受取家賃のうち前受分¥25,000を次期に繰り延べた。
　〃　　　受取家賃の当期分¥35,000を損益勘定に振り替えた。

〔解答〕

6／1	（借）現　　　　　金	60,000	（貸）受　取　家　賃	60,000
12/31	（借）受　取　家　賃	25,000	（貸）前　受　家　賃	25,000
〃	（借）受　取　家　賃	35,000	（貸）損　　　　　益	35,000

（注）　前受家賃は，次期には収益となるから，次期の最初の日付で受取家賃勘定に再振替しておく。

例4　1月1日　前受家賃¥25,000を受取家賃勘定に再振替した。

〔解答〕

1／1　（借）前　受　家　賃　　25,000　　　　（貸）受　取　家　賃　　25,000

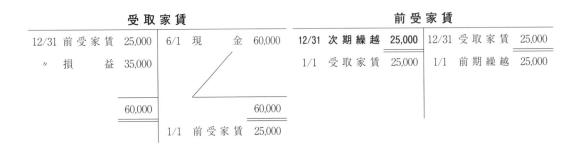

	受　取　家　賃				
12/31	前受家賃	25,000	6/1	現　　金	60,000
〃	損　　益	35,000			
		60,000			60,000
			1/1	前受家賃	25,000

	前　受　家　賃				
12/31	次 期 繰 越	25,000	12/31	受 取 家 賃	25,000
1/1	受 取 家 賃	25,000	1/1	前 期 繰 越	25,000

4 ｜ 費用の見越し（未払費用）

　未払費用は，まだ支払っていないため，帳簿上，記入されていないが，当期の費用として計上すべき分（費用の未払分）については，経過的に当期の費用として計上するとともに，未払費用（負債）として見越し計上しなければならない。

　たとえば，地代，家賃，利息の未払いのときに生じる。未だ支払っていないため，帳簿上，記入されていないが，当期の費用として計上すべき分（費用の未払分¥80,000）については，経過的に当期の費用として計上するとともに，未払費用（負債）として見越し計上しなければならない。これを**費用の見越し**という。未払費用勘定は，すでに当期にサービスの提供を受けており，次期に支払わなければならない義務をあらわすため，負債の勘定となる。

《家賃の未払い》

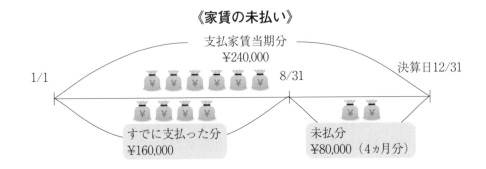

例5　次の取引を仕訳しなさい。

12月31日　決算に際し，家賃の未払分（9／1～12／31）¥80,000を計上した。

　〃　　　支払家賃の当期分¥240,000を損益勘定に振り替えた。

〔解答〕

12/31	（借）	支　払　家　賃	80,000	（貸）	未　払　家　賃	80,000
〃	（借）	損　　　　　益	240,000	（貸）	支　払　家　賃	240,000

（注）　未払家賃は，次期最初の日付で支払家賃勘定に再振替しておく。次期に家賃を支払ったとき，前期分と当期分を区別せず，全額を支払家賃勘定に記入できるようにするためである。

例6　次の取引を仕訳しなさい。
1月1日　未払家賃¥80,000を支払家賃勘定に再振替した。
2月28日　半年分（前年9／1～2／28）の家賃¥120,000を現金で支払った。

〔解答〕

1/1	（借）	未　払　家　賃	80,000	（貸）	支　払　家　賃	80,000
2/28	（借）	支　払　家　賃	120,000	（貸）	現　　　　　金	120,000

	支 払 家 賃				未 払 家 賃	
（既支払額）	160,000	12/31 損　益	240,000	12/31 次期繰越 **80,000**	12/31 支払家賃	80,000
12/31 損　益	80,000			1/1 支払家賃 80,000	1/1 前期繰越	80,000
	240,000		240,000			
2/18 現　金	120,000	1/1 未払家賃	80,000			

5 ｜ 収益の見越し（未収収益）

　未収収益は，まだ受け取っていないため，帳簿上，記入されていないが，当期の収益として計上すべき分（収益の未収分）については，経過的に当期の収益として計上するとともに，未収収益（資産）として見越し計上しなければならない。

　たとえば，地代，家賃，利息の未収のときに生じる。未だ受け取っていないため，帳簿上，記入されていないが，当期の収益として計上すべき分（収益の未収分¥12,000）については，経過的に当期の収益として計上するとともに，未収収益（資産）として見越し計上しなければならない。これを**収益の見越し**という。未収収益勘定は，すでに当期にサービスの提供を行っており，次期に受け取ることができる権利をあらわすため，資産の勘定となる。

《地代の未収》

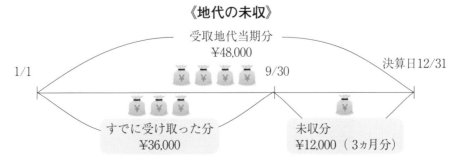

例7 次の取引を仕訳しなさい。
12月31日 決算に際し，地代の未収分（10／1～12／31）¥12,000を計上した。
　〃　　　受取地代の当期分¥48,000を損益勘定に振り替えた。
〔解答〕

| 12/31 | （借） | 未 収 地 代 | 12,000 | （貸） | 受 取 地 代 | 12,000 |
| 〃 | （借） | 受 取 地 代 | 48,000 | （貸） | 損　　　益 | 48,000 |

（注）　未収地代は，次期最初の日付で受取地代勘定に再振替しておく。次期に地代を受け取ったとき，前期分と当期分を区別せず，全額を受取地代勘定に記入できるようにするためである。

例8 次の取引を仕訳しなさい。
1月1日 未収地代¥12,000を受取地代勘定に再振替した。
3月31日 半年分（前年10／1～3／31）の地代¥24,000を現金で受け取った。
〔解答〕

| 1/1 | （借） | 受 取 地 代 | 12,000 | （貸） | 未 収 地 代 | 12,000 |
| 3/31 | （借） | 現　　　金 | 24,000 | （貸） | 受 取 地 代 | 24,000 |

受 取 地 代

12/31 損　益	48,000	（既受取額）	36,000
		12/31 未 収 地 代	12,000
	48,000		48,000
1/1 未 収 地 代	12,000	3/31 現　金	24,000

未 収 地 代

| 12/31 受 取 地 代 | 12,000 | **12/31 次 期 繰 越** | **12,000** |
| 1/1 前 期 繰 越 | 12,000 | 1/1 受 取 地 代 | 12,000 |

6 消耗品の会計処理

　消耗品の会計処理には費用処理法と資産処理法がある。ここでは費用処理法について説明する。
　費用処理法は，購入時に**消耗品費**勘定（費用）で処理しておき，決算日に未使用分（¥10,000）を，消耗品費勘定から**貯蔵品**勘定（資産）に振り替える方法である。

例9 次の取引を費用処理法で仕訳しなさい。
2月1日 事務用品¥60,000を購入し，代金は小切手を振り出して支払った。
12月31日 決算に際し，消耗品の未使用分¥10,000を次期に繰り延べた。
　〃　　　消耗品費の当期分¥50,000を損益勘定に振り替えた。
1月1日 貯蔵品¥10,000を消耗品費勘定に再振替した。

〔解答〕

2/1	（借）消　耗　品　費	60,000		（貸）当　座　預　金	60,000		
12/31	（借）貯　　蔵　　品	10,000		（貸）消　耗　品　費	10,000		
〃	（借）損　　　　　益	50,000		（貸）消　耗　品　費	50,000		
1/1	（借）消　耗　品　費	10,000		（貸）貯　　蔵　　品	10,000		

なお，費用処理法による仕訳を元帳に転記し，締め切れば，次のとおりになる。

消　耗　品　費		貯　蔵　品	
2/1　当座預金　60,000 ¦ 12/31　貯蔵品　10,000		12/31　消耗品費　10,000 ¦ 12/31　次期繰越　10,000	
¦　〃　損　益　50,000		1/1　前期繰越　10,000 ¦ 1/1　消耗品費　10,000	
60,000　¦　　60,000			
1/1　貯蔵品　10,000			

例題18-1　次の取引を仕訳し，保険料勘定と前払保険料勘定の記入・締切りをしなさい。

　　11月1日　火災保険契約を結び，保険料1年分¥120,000を小切手を振り出して支払った。

　　12月31日　決算に際し，上記保険料のうち前払分を次期に繰り延べた。

　　　〃　　　当期分の保険料を損益勘定に振り替えた。

　翌年1月1日　前払保険料を保険料勘定に振り戻した。

〔解答〕

11/1	（借）保　　険　　料	120,000		（貸）当　座　預　金	120,000		
12/31	（借）前　払　保　険　料	100,000		（貸）保　　険　　料	100,000		
〃	（借）損　　　　　益	20,000		（貸）保　　険　　料	20,000		
翌1/1	（借）保　　険　　料	100,000		（貸）前　払　保　険　料	100,000		

保　険　料		前払保険料	
11/1　当座預金　120,000 ¦ 12/31　前払保険料　100,000		12/31　保険料　100,000 ¦ 12/31　次期繰越　100,000	
¦　〃　損　益　20,000		1/1　前期繰越　100,000 ¦ 1/1　保険料　100,000	
120,000　¦　　120,000			
1/1　前払保険料　100,000			

98

例題18—2 次の取引を仕訳しなさい。ただし，費用処理法による。

10／1 事務用消耗品￥24,000を購入し，現金で支払った。

12／31 決算に際し，消耗品の未使用高￥8,000を次期に繰り延べた。

　〃　　消耗品の当期消費高を損益勘定に振り替えた。

翌年1／1 貯蔵品を消耗品費勘定に振り替えた（期首再振替仕訳）。

〔解答〕

10/1	（借）消 耗 品 費	24,000	（貸）現　　　　　金	24,000
12/31	（借）貯 蔵 品	8,000	（貸）消 耗 品 費	8,000
〃	（借）損　　　　　益	16,000	（貸）消 耗 品 費	16,000
翌1/1	（借）消 耗 品 費	8,000	（貸）貯 蔵 品	8,000

第19章
帳簿の締切り（英米式決算法）

1 決算本手続の手順

　決算本手続は，決算予備手続が終わり，すべての勘定記入が正しく行われていることが確認できた後に行う手続である。決算本手続の手順は次のとおりである。

決算本手続	❶	収益と費用の各勘定残高を損益勘定へ振替
	❷	損益勘定の勘定残高（当期純損益）を繰越利益剰余金勘定へ振替
	❸	資産，負債，純資産の各勘定の締切り
	❹	収益，費用の各勘定および損益勘定の締切り
	❺	繰越試算表の作成

　ここに振替とは，ある勘定の借方の金額を他の勘定の借方へ移すこと，または，ある勘定の貸方の金額を他の勘定の貸方へ移すことをいう。とくに決算本手続きでは，**損益勘定**を設けて必要な振替を行うことで，当期純損益を算定し，株式会社の場合はその金額を繰越利益剰余金勘定（純資産）に振り替える。これらの手続きにより，次期に繰越す資本金の額と繰越利益剰余金の額とが定まる。ちなみに株式会社の場合，決算日後3ヵ月以内に開催される株主総会での決議により，剰余金の配当と処分が決まる。

2 英米式決算法による決算本手続

(1) 収益と費用の各勘定残高を損益勘定へ振替

　当期純損益を算定するために，損益勘定を設ける。次に，振替手続（決算振替手続）を行う。ここで行う振替仕訳のことを**決算振替仕訳**という。収益の各勘定残高は損益勘定の貸方に振り替え，費用の各勘定残高は損益勘定の借方に振り替える。

〔仕訳パターン〕

（借）収 益 の 各 勘 定　××××　　　（貸）損　　　　　　益　××××
（借）損　　　　　　益　××××　　　（貸）費 用 の 各 勘 定　××××

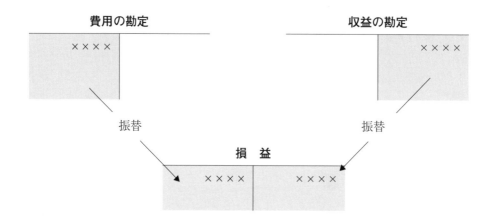

(2)　損益勘定の勘定残高（当期純損益）を繰越利益剰余金勘定へ振替

　上記(1)で説明した振替により，損益勘定の貸方側には収益の各勘定残高が集まる。同様に，損益勘定の借方側には費用の各勘定残高が集まる。このため，損益勘定の貸借差額は，必然的に，当期純損益の額を表すことになるので，繰越利益剰余金勘定への振替を行う。

〔仕訳パターン〕

◆損益勘定の借方総額（費用総額）　＜　損益勘定の貸方総額（収益総額）の場合

　この場合，損益勘定の貸借差額は，必然的に，当期純利益の額を表すことになるので，その金額と同様の金額が，繰越利益剰余金の増加として貸方側に記入される。

（借）損　　　　　　益　×××　　　（貸）繰越利益剰余金　×××

〔仕訳パターン〕

◆損益勘定の借方総額（費用総額）　＞　損益勘定の貸方総額（収益総額）の場合

　この場合，損益勘定の貸借差額は，必然的に，当期純損失の額を表すことになるので，その

金額と同様の金額が，繰越利益剰余金の減少として借方側に記入される。

（借）繰越利益剰余金　　×××　　　（貸）損　　　　　益　　×××

損　　益		繰越利益剰余金	
××××	××××	×××	××××
	×××		

例1　決算日において，収益と費用の各勘定残高が次のとおりとなった。次の決算振替仕訳を示しなさい。

売　　　　上　¥500,000　　受取手数料　¥100,000　　仕　　　入　¥300,000
給　　　　料　¥150,000　　通　信　費　¥50,000

〔解答〕

（借）	売　　　　　　上	500,000	（貸）	損　　　　　　益	600,000
	受　取　手　数　料	100,000			
（借）	損　　　　　　益	500,000	（貸）	仕　　　　　　入	300,000
				給　　　　　　料	150,000
				通　　信　　費	50,000
（借）	損　　　　　　益	100,000	（貸）	繰越利益剰余金	100,000

〔解説〕

　このケースは，収益総額＞費用総額なので，損益勘定の貸借差額は当期純利益の額を表すことになる。

(3)　資産，負債，純資産の各勘定の締切り

　各勘定の残高は，資産については借方側に，負債と純資産については貸方側に生ずる。そこで，各勘定の締切りにあたっては，資産については各勘定の貸方側へ，負債と純資産については各勘定の借方側へ，**次期繰越**として金額を記入する。これを，**繰越記入**という（繰越記入は，朱記する）。貸倒引当金と減価償却累計額については，残高が貸方に生ずるので，負債および純資産の勘定と同様の方法で記入する。

　次に，各勘定とも，借方と貸方のそれぞれの合計額を記入し，貸借の金額の平均（バランス）が取れていることを確認した後，帳簿を締め切る。

　なお，翌期首の日付で，資産の各勘定は借方側に，負債と純資産の各勘定は貸方側に，**前期繰越**として残高を記入する。これを，**開始記入**という。

例2　決算振替手続が終了した段階で，現金，買掛金，資本金，繰越利益剰余金の各勘定は次の

とおりとなった。以下，次の勘定口座の締切りを示しなさい（翌期首に行う開始記入も示すこと）。なお便宜上，期中の取引金額は，合計額で示している。

現　　金

1/1	前期繰越	50,000	1/1〜12/31		60,000
1/1〜12/31		90,000			

買　掛　金

1/1〜12/31		50,000	1/1	前期繰越	20,000
			1/1〜12/31		85,000

資　本　金

			1/1	前期繰越	100,000

繰越利益剰余金

			1/1	前期繰越	20,000
			12/31	損　　益	30,000

〔解答〕

現　　金

1/1	前期繰越	50,000	1/1〜12/31		60,000
1/1〜12/31		90,000	**12/31**	**次期繰越**	**80,000**
		140,000			140,000
1/1	前期繰越	80,000			

買　掛　金

1/1〜12/31		50,000	1/1	前期繰越	20,000
12/31	**次期繰越**	**55,000**	1/1〜12/31		85,000
		105,000			105,000
			1/1	前期繰越	55,000

資　本　金

12/31	**次期繰越**	**100,000**	1/1	前期繰越	100,000
			1/1	前期繰越	100,000

繰越利益剰余金

12/31	次期繰越	50,000	1/1		前期繰越		20,000
			12/31		損　　益		30,000
		50,000					50,000
			1/1		前期繰越		50,000

(4)　収益，費用の各勘定および損益勘定の締切り

　決算振替仕訳を転記したのち，収益と費用の各勘定および損益勘定について，それぞれ，借方と貸方の合計額を記入し，貸借の平均（バランス）が取れていることを確認した後，帳簿を締め切る。例示すると次のとおりである（ここでは損益勘定の締切りを例示する）。

　なお損益勘定の場合，相手勘定科目をすべて記入することに注意すること（諸口としない）。

損　　益

12/31	仕　　　　入	350,000	12/31	売　　　　上		500,000
〃	給　　　料	200,000	〃	受　取　家　賃		120,000
〃	通　信　費	20,000				
〃	消　耗　品　費	10,000				
〃	支　払　利　息	10,000				
〃	繰越利益剰余金	30,000				
		620,000				620,000

(5)　繰越試算表の作成

　英米式決算法では，資産，負債，純資産の各勘定残高（次期繰越額）は，直接，各勘定へ記入することになるため，（損益勘定のように）情報が1つの勘定に集められるわけではない。そこで，資産，負債，純資産の各勘定残高（次期繰越額）を集めた一覧表，すなわち**繰越試算表**を作成する。これにより，締切作業に誤りがないかを確認し，各勘定残高の検証を行う。繰越試算表の例を示すと次のとおりである。

例3　決算振替手続が終了し，資産，負債，純資産の各勘定残高（次期繰越額）を帳簿に記入したところ，それぞれ次のとおりとなった。

現　　　金	¥50,000	売　掛　金	¥45,000	繰　越　商　品	¥180,000
備　　　品	¥10,000	買　掛　金	¥20,000	前　受　家　賃	¥15,000
借　入　金	¥50,000	資　本　金	¥150,000	繰越利益剰余金	¥50,000

繰越試算表

×年12月31日　　　　（単位：円）

借　　方	勘定科目	貸　　方
	現　　　　　金	
	売　　掛　　金	
	繰　越　商　品	
	備　　　　　品	
	買　　掛　　金	
	前　受　家　賃	
	借　　入　　金	
	資　　本　　金	
	繰越利益剰余金	

〔解答〕

繰越試算表

×年12月31日　　　　（単位：円）

借　　方	勘定科目	貸　　方
50,000	現　　　　　金	
45,000	売　　掛　　金	
180,000	繰　越　商　品	
10,000	備　　　　　品	
	買　　掛　　金	20,000
	前　受　家　賃	15,000
	借　　入　　金	50,000
	資　　本　　金	150,000
	繰越利益剰余金	50,000
285,000		285,000

第20章

第 20 章

8桁精算表と財務諸表

1 決算整理事項に基づく精算表の作成

(1) 決算整理

　決算手続は，期末の総勘定元帳（そうかんじょうもとちょう）の諸勘定を基礎として行う。しかし総勘定元帳の残高（ざんだか）（帳簿残高（ありだか））には，期末時点で帳簿残高と実際の有高が異なっている場合がある。そのため，該当する勘定については必要な修正を行い，当期の残高を正しく確定する必要がある。また減価償却（げんかしょうきゃく）や貸倒れ（かしだおれ）の見積もりなど，決算時に特有な簿記処理の事項もある。このように決算時に残高を正しく修正する作業を**決算整理**（けっさんせいり）といい，決算整理のための事項を**決算整理事項**という。また，そのための仕訳を**決算整理仕訳**（けっさんせいりしわけ）という。

　主な決算整理事項と決算整理仕訳の例を挙げれば，次のとおりである。

> ❶　現金過不足の整理　❷　貸倒れの見積り　❸　売上原価の算定　❹　消耗品の整理
> ❺　固定資産の減価償却　❻　費用・収益の繰延べ・見越し

① 現金過不足の整理

◆現金過不足勘定が借方残高¥1,000の場合：

（借）雑　　　　　損　　　1,000　　　（貸）現 金 過 不 足　　　1,000

◆現金過不足勘定が貸方残高¥2,000の場合：

（借）現 金 過 不 足　　　2,000　　　（貸）雑　　　　　益　　　2,000

② 貸倒れの見積り（差額補充法）

期末の売上債権残高¥50,000に対して１％の貸倒れを見積もった。
なお貸倒引当金残高は¥100である。

¥50,000 × 1％ = ¥500…B/S 貸倒引当金計上額
¥500 − ¥100 = ¥400…P/L 貸倒引当金繰入額

(借)	貸倒引当金繰入	400	(貸)	貸倒引当金	400

③－1　売上原価の算定（売上原価を「仕入」勘定で算出する場合）

期首商品棚卸高¥20,000，当期純仕入高¥30,000，期末商品棚卸高¥10,000

(借)	仕　　　　　入	20,000	(貸)	繰　越　商　品	20,000
	繰　越　商　品	10,000		仕　　　　　入	10,000

ここでの決算整理後の仕入勘定残高¥40,000は売上原価を意味する。

③－2　売上原価の算定（売上原価を「売上原価」勘定で算出する場合）

期首商品棚卸高　¥20,000，当期純仕入高　¥30,000，期末商品棚卸高　¥10,000

(借)	売　上　原　価	20,000	(貸)	繰　越　商　品	20,000
	売　上　原　価	30,000		仕　　　　　入	30,000
	繰　越　商　品	10,000		売　上　原　価	10,000

④　消耗品の整理（期中，費用処理の場合）

期中に¥1,200の事務用消耗品を購入し費用処理しておいたが，期末に未消費分¥500が残ったので，資産勘定に振り替えた。

(借)	貯　　蔵　　品	500	(貸)	消　耗　品　費	500

⑤　固定資産の減価償却（計算は定額法，記帳は間接法の場合）

備品¥80,000について，定額法（耐用年数5年，残存価額ゼロ）により減価償却を行った。記帳は間接法による。

¥80,000 ÷ 5年 = ¥16,000（P/L 減価償却費）

(借)	減　価　償　却	16,000	(貸)	減価償却累計額	16,000

⑥　費用・収益の繰延べ・見越し

(a)　保険料のうち未経過分¥500を次期に繰り延べた。

(借)	前　払　保　険　料	500	(貸)	支　払　保　険　料	500

(b)　土地の賃貸料のうち前受分¥600を次期に繰り延べた。

(借)	受　取　地　代	600	(貸)	前　受　地　代	600

(c)　支払利息について当期分¥100を見越計上した。

| （借）支 払 利 息 | 100 | （貸）未 払 利 息 | 100 |

(d)　受取家賃について当期分￥500を見越計上した。

| （借）未 収 家 賃 | 500 | （貸）受 取 家 賃 | 500 |

(2)　決算整理事項に基づく精算表の作成

精算表は，損益計算書と貸借対照表の作成手続を一覧表にしたものである。下記に示すように，6桁精算表に「整理記入」欄を加えた表が，**8桁精算表**である。

例1　次の決算整理事項に基づいて，精算表を完成しなさい。

①　期末商品棚卸高は￥10,000であった。売上原価は「仕入」勘定で計算すること。
②　売掛金の期末残高に対して1％の貸倒れを見積もった。なお記帳は差額補充法による。
③　備品について，￥16,000の減価償却費を計上する。なお記帳は間接法による。
④　保険料のうち未経過分￥500を次期に繰り延べた。
⑤　借入金の支払利息について当期分￥100を見越計上した。

精　算　表

×年12月31日　　　　　　　　　　　　　　　　（単位：円）

勘定科目	残高試算表 借方	残高試算表 貸方	整理記入 借方	整理記入 貸方	損益計算書 借方	損益計算書 貸方	貸借対照表 借方	貸借対照表 貸方
現　　　　　金	69,200							
売　掛　　金	50,000							
繰 越 商 品	20,000							
備　　　　品	80,000							
買　掛　　金		20,000						
借　入　　金		50,000						
貸 倒 引 当 金		100						
減価償却累計額		16,000						
資　本　　金		80,000						
繰越利益剰余金		20,000						
売　　　　上		80,000						
仕　　　　入	30,000							
給　　　　料	10,000							
支 払 保 険 料	6,500							
支 払 利 息	400							
	266,100	266,100						
貸倒引当金繰入								
減 価 償 却 費								
前 払 保 険 料								
未 払 利 息								
当期純（　　）								

〔解答〕

精　算　表

× 年12月31日　　　　　　　　　　　　　　　　（単位：円）

勘定科目	残高試算表		整理記入		損益計算書		貸借対照表	
	借方	貸方	借方	貸方	借方	貸方	借方	貸方
現　　　　　金	69,200						69,200	
売　　掛　　金	50,000						50,000	
繰　越　商　品	20,000		10,000	20,000			10,000	
備　　　　　品	80,000						80,000	
買　　掛　　金		20,000						20,000
借　　入　　金		50,000						50,000
貸 倒 引 当 金		100		400				500
減価償却累計額		16,000		16,000				32,000
資　　本　　金		80,000						80,000
繰越利益剰余金		20,000						20,000
売　　　　　上		80,000				80,000		
仕　　　　　入	30,000		20,000	10,000	40,000			
給　　　　　料	10,000				10,000			
支 払 保 険 料	6,500			500	6,000			
支 払 利 息	400		100		500			
	266,100	266,100						
貸倒引当金繰入			400		400			
減 価 償 却 費			16,000		16,000			
前 払 保 険 料			500				500	
未 払 利 息				100				100
当期純（利益）					**7,100**			7,100
			47,000	47,000	80,000	80,000	209,700	209,700

〔**解説**〕決算整理仕訳は次のとおりとなる。

	借　方　科　目	金　　　　　額	貸　方　科　目	金　　　　　額
①	仕　　　　　入	20,000	繰　越　商　品	20,000
	繰　越　商　品	10,000	仕　　　　　入	10,000
②	貸 倒 引 当 金 繰 入	400	貸 倒 引 当 金	400
③	減 価 償 却 費	16,000	減価償却累計額	16,000
④	前 払 保 険 料	500	支 払 保 険 料	500
⑤	支 払 利 息	100	未 払 利 息	100

2 | 財務諸表の作成

　財務諸表とは，企業の利害関係者に対して提供する，財務報告に必要な決算書のことをい

う。ここでは，基本的な財務諸表である貸借対照表と損益計算書の作成について説明する。

(1)　損益計算書の作成

損益計算書は，一定期間における企業の経営成績すなわち，一会計期間の収益・費用，およびその差額である当期純利益を明らかにする表である。

例2　次の損益勘定をもとに，損益計算書を作成しなさい。

損　　益

12/31	仕　　入	380,000	12/31	売　　上	500,000
〃	給　料	140,000	〃	受 取 家 賃	180,000
〃	通 信 費	20,000			
〃	消 耗 品 費	10,000			
〃	支 払 利 息	10,000			
〃	繰越利益剰余金	120,000			
		680,000			680,000

損 益 計 算 書
×年1月1日～×年12月31日　　　　　（単位：円）

費　用	金　額	収　益	金　額

〔解答〕

損 益 計 算 書
×年1月1日～×年12月31日　　　　　（単位：円）

費　用	金　額	収　益	金　額
売 上 原 価	380,000	売 上 高	500,000
給　料	140,000	受 取 家 賃	180,000
通 信 費	20,000		
消 耗 品 費	10,000		
支 払 利 息	10,000		
当 期 純 利 益	**120,000**		
	680,000		680,000

〔解説（作成上の留意点）〕

・損益計算書は，損益勘定（損益勘定に記入された内容）をもとにして作成する。

・売上勘定は，「売上高」と表示する。仕入勘定は，「売上原価」と表示する。

・損益勘定の借方側に記録した「繰越利益剰余金」は当期純利益を示しているから，損益計算書上では「当期純利益」と表示する。当期純利益の文字と金額は朱書きであるが，ここでは太字にした。

(2) 貸借対照表の作成

貸借対照表は，一定時点における企業の資産・負債・純資産（資本）の財政状態を明らかにする表である。

例3 次の繰越試算表をもとに，貸借対照表を作成しなさい。

繰 越 試 算 表

×年12月31日 （単位：円）

借　　　方	勘 定 科 目	貸　　　方
52,450	現　　　　　金	
45,000	売　　掛　　金	
150,000	繰　越　商　品	
10,000	備　　　　　品	
	買　　掛　　金	20,000
	借　　入　　金	15,000
	貸 倒 引 当 金	450
	減 価 償 却 累 計 額	2,000
	前　受　家　賃	50,000
	資　　本　　金	50,000
	繰 越 利 益 剰 余 金	120,000
257,450		257,450

貸 借 対 照 表

×年12月31日 （単位：円）

資　　産	金　　額	負債及び純資産	金　　額

〔解答〕

貸 借 対 照 表

× 年12月31日　　　　　　　　　　　（単位：円）

資　　産	金　額		負債及び純資産	金　額
現　　　　　　　金		52,450	買　　掛　　金	20,000
売　　　掛　　　金	45,000		借　　入　　金	15,000
貸 倒 引 当 金	△ 450	44,550	前　受　家　賃	50,000
商　　　　　　　品		150,000	資　　本　　金	50,000
備　　　　　　　品	10,000		繰 越 利 益 剰 余 金	120,000
減 価 償 却 累 計 額	△2,000	8,000		
		255,000		255,000

〔解説（作成上の留意点）〕

・貸借対照表は，繰越試算表を元にして作成する。

・繰越商品勘定は，「商品」と表示する。

・「貸倒引当金」と「減価償却累計額」は，いずれも，資産から控除する形式で表示する。

・収益，費用の繰延べと見越しに該当する勘定科目は，「前払費用」，「前受収益」，「未払費用」，「未収収益」と表示する。

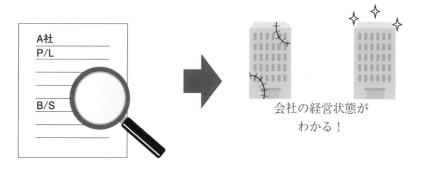

A社
P/L

B/S

会社の経営状態が
わかる！

第 **21** 章

帳簿と伝票

1 伝票の役割と記帳

伝票とは，取引の内容を端的に記載する紙片であり，仕訳帳への記入に替えて使用されるものである。

伝票には，取引が生じた事実を裏付けることができる書類に基づいて記入する。伝票に取引の事実を記入することを，**起票**という。起票された伝票から，総勘定元帳へ転記する仕組みのことを，**伝票会計制度**とよぶ。伝票を使用することで，取引量が増大した場合に迅速な事務処理を行うことが可能になる。

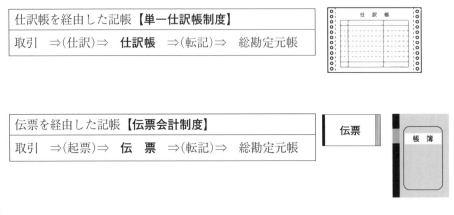

仕訳帳を経由した記帳【単一仕訳帳制度】
取引 ⇒（仕訳）⇒ **仕訳帳** ⇒（転記）⇒ 総勘定元帳

伝票を経由した記帳【伝票会計制度】
取引 ⇒（起票）⇒ **伝 票** ⇒（転記）⇒ 総勘定元帳

2 3伝票制

(1) 3伝票制における起票の基本

簿記上，最も重要な伝票は，入金伝票，出金伝票，そして振替伝票である。

これら3種類の伝票を使用して取引処理を行うことから，3伝票制とよばれる。

それぞれの伝票は，たとえば次のような取引処理に使用する（以下，伝票の形式は略式）。

① 入金伝票

入金伝票は, 現金を受け入れた場合に起票する伝票である。

(**例**) 売掛金の回収として現金￥100,000を受け取った。

仕訳では, 「(借) 現　　　金　100,000　　(貸) 売　掛　金　100,000」となるが, 伝票を使用すると, 次のような起票をすることになる。

入金伝票	
×年×月×日	
科　　　　　目	金　　　　　額
売　　掛　　金	100,000

② 出金伝票

出金伝票は, 現金を支払った場合に起票する伝票である。

(**例**) 買掛金の支払いとして￥50,000を現金で支払った。

仕訳では, 「(借) 買　掛　金　50,000　　(貸) 現　　　金　50,000」となるが, 伝票を使用すると, 次のような起票をすることになる。

出金伝票	
×年×月×日	
科　　　　　目	金　　　　　額
買　　掛　　金	50,000

③ 振替伝票

振替伝票は, 現金の入出金取引以外の取引 (振替取引) を処理するための伝票である。

(**例**) 商品￥300,000を売り上げ, 代金は掛とした。

仕訳では, 「(借) 売　掛　金　300,000　　(貸) 売　　　上　300,000」となるが, 伝票を使用すると, 次のような起票をすることになる。

振替伝票			
×年×月×日			
借 方 科 目	金　　　　　額	貸 方 科 目	金　　　　　額
売　掛　金	300,000	売　　　上	300,000

(2)　一部振替取引に関する起票方法

　取引には，現金の入出金を伴わない取引（1つの取引が完全に振替取引）と，1つの取引の中に現金の入金取引（または出金取引）と振替取引とが混合している場合とがある。前者を**全部振替取引**といい，後者を**一部振替取引**という。

　一部振替取引の起票方法には2通りの方法がある。

①　取引を分割して起票する方法

　現金取引（入出金取引）の部分は入金伝票または出金伝票のいずれかを使用し，それ以外の部分は振替伝票を使用することになる。これを，**分割法**という。

　しかしこの方法では，1つの取引が分解されてしまうこととなり，後になって取引の内容を確認するときに不便が生ずる場合がある。

②　取引を擬制して起票する方法

　①の弱点を克服するために，もう1つの方法すなわち，取引を擬制して起票する方法がある。これを，**擬制法**という。これは，一部振替取引を全部振替取引とみなして起票する方法で，取引を擬制することで成り立つ方法である。具体的には，いったん取引の全額を振替取引とみなして振替伝票で起票し，すぐさま一部が現金で清算されたとみなして，その部分だけを入金伝票もしくは出金伝票で起票する方法である。

　これら2つの方法をそれぞれ例に示すと次のとおりとなる。

例1　商品¥5,000を仕入れ，代金のうち¥2,000を現金で支払い，残額を掛けとした。

①　取引を分割して起票する方法

〔解答〕

出金伝票	
× 年 × 月 × 日	
科　　　　目	金　　　　額
仕　　　　入	2,000

振替伝票			
× 年 × 月 × 日			
借 方 科 目	金　　額	貸 方 科 目	金　　額
仕　　　入	3,000	買　掛　金	3,000

1．まずは通常通りの仕訳を行ってみる。

| （借）仕 | 入 | 5,000 | （貸）現 | 金 | 2,000 |
| | | | 買　掛　金 | | 3,000 |

2．次に，起票を前提に，取引を分割したとして仕訳を行ってみる。

| （借）仕 | 入 | 2,000 | （貸）現 | 金 | 2,000 ⇒出金伝票へ |
| | 仕 | 入 | 3,000 | 買　掛　金 | 3,000 ⇒振替伝票へ |

② 取引を擬制して起票する方法
〔解答〕

仕入を全額掛取引と擬制し，掛代金の一部をすぐに現金で精算したとして仕訳してみる。

| （借）仕 | 入 | 5,000 | （貸）買　掛　金 | 5,000 ⇒振替伝票へ |
| （借）買　掛　金 | | 2,000 | （貸）現　金 | 2,000 ⇒出金伝票へ |

<table>
<tr><td colspan="4" align="center">振替伝票</td></tr>
<tr><td colspan="4" align="center">×年×月×日</td></tr>
<tr><td>借　方　科　目</td><td>金　　　　額</td><td>貸　方　科　目</td><td>金　　　　額</td></tr>
<tr><td>仕　　　　入</td><td>5,000</td><td>買　掛　金</td><td>5,000</td></tr>
</table>

<table>
<tr><td colspan="2" align="center">出金伝票</td></tr>
<tr><td colspan="2" align="center">×年×月×日</td></tr>
<tr><td>科　　　　目</td><td>金　　　　額</td></tr>
<tr><td>買　掛　金</td><td>2,000</td></tr>
</table>

3 伝票から総勘定元帳への転記

伝票を使用した場合の総勘定元帳への転記方法には，2通りの方法がある。

(1) 個別転記による方法

取引のつど伝票を起票し，その伝票をもとに適切に元帳へ転記する方法がこれである。

(2) 仕訳集計表による方法

日々（または1週間分，1ヵ月毎など定期），伝票をもとに，合計試算表と同様の**仕訳集計表**を作成し，その表にまとめた勘定科目と金額に基づいて元帳へ転記する方法がこれである。
例の内容をもとにそれぞれの方法を示すと，次のとおりとなる。

例2 次の8月1日に起票された伝票をもとに，(1)個別転記による方法と(2)仕訳集計表を利用する場合によって，各勘定（略式）へ転記しなさい。なお，商品売買取引の起票はすべて，取引を擬

制する方法により行っている。

入金伝票	No.101
×年8月1日	

科　　　　目	金　　　額
売　　　上	1,000

出金伝票	No.201
×年8月1日	

科　　　　目	金　　　額
仕　　　入	4,000

入金伝票	No.102
×年8月1日	

科　　　　目	金　　　額
売　掛　金	2,000

出金伝票	No.202
×年8月1日	

科　　　　目	金　　　額
買　掛　金	2,000

振替伝票			No.301
×年8月1日			

借方科目	金　額	貸方科目	金　額
売　掛　金	8,000	売　　上	8,000

振替伝票			No.302
×年8月1日			

借方科目	金　額	貸方科目	金　額
仕　　入	5,000	買　掛　金	5,000

〔解答〕

(1)　**個別転記による場合**（各勘定元帳は略式とし仕丁欄は省略する）

現　　金

8/1	前期繰越	5,000	8/1	出金伝票	4,000
〃	入金伝票	1,000	〃	〃	2,000
〃	入金伝票	2,000			

売　掛　金

8/1	前期繰越	1,000	8/1	入金伝票	2,000
〃	振替伝票	8,000			

買　掛　金

8/1	出金伝票	2,000	8/1	前期繰越	8,000
			〃	振替伝票	5,000

売　　上

			8/1	入金伝票	1,000
			〃	振替伝票	8,000

仕　　入

8/1	出金伝票	4,000			
〃	振替伝票	5,000			

　起票した伝票をもとに，各勘定口座へ転記する。摘要欄には伝票の種類を記入する。なお，仕丁欄には伝票番号を起票する。

(2)　仕訳集計表を利用する場合

仕訳集計表

×年8月1日　　　（単位：円）

借　方	勘定科目	貸　方
3,000	現　　　　金	6,000
8,000	売　掛　金	2,000
2,000	買　掛　金	5,000
	売　　　　上	9,000
9,000	仕　　　　入	
22,000		22,000

（各勘定元帳は略式とし仕丁欄は省略する）

現　　金

8/1　前期繰越　5,000	8/1　仕訳集計表　6,000
〃　　仕訳集計表　3,000	

売　掛　金

8/1　前期繰越　　1,000	8/1　仕訳集計表　2,000
〃　　仕訳集計表　8,000	

買　掛　金

8/1　仕訳集計表　2,000	8/1　前期繰越　　8,000
	仕訳集計表　5,000

売　　上

	8/1　仕訳集計表　9,000

仕　　入

8/1　仕訳集計表　9,000	

① 　仕訳集計表を作成する。
　(a)　入金伝票をもとに金額を集計し，仕訳集計表の現金勘定の借方側へ記入する。
　(b)　出金伝票をもとに金額を集計し，仕訳集計表の現金勘定の貸方側へ記入する。
　(c)　入金伝票および振替伝票の貸方の同一勘定科目の金額を集計し，仕訳集計表の該当する勘定科目の貸方側へ記入する。
　(d)　出金伝票および振替伝票の借方の同一勘定科目の金額を集計し，仕訳集計表の該当する勘定科目の借方側へ記入する。
　(e)　仕訳集計表の借方合計と貸方合計をそれぞれ集計し，合計欄に記入する。
② 　仕訳集計表をもとにして，各勘定口座に転記する。転記上の注意は次のとおりである。
　(a)　摘要欄には「仕訳集計表」と記入する。
　(b)　仕丁欄には仕訳集計表の丁数を記入する（解答例では省略した）。

4 伝票から補助元帳（得意先元帳，仕入先元帳）への転記

　伝票から総勘定元帳へ転記する際に，得意先元帳や仕入先元帳も使用している場合は，これらの補助簿への転記も必要となる。この場合の転記は個別転記となる。

118

例3 次の9月1日の伝票から，得意先元帳と仕入先元帳へ各々記入を行いなさい。

振替伝票				No.301
×年9月1日				
借方科目	金額	貸方科目	金額	
売掛金 (株式会社島根商店)	8,000	売上	8,000	

出金伝票		No.201
×年9月1日		
科目	金	額
買掛金 (株式会社山口商店)		2,000

得意先元帳
株式会社島根商店

日付	摘要	仕丁	借方金額	日付	摘要	仕丁	貸方金額
9/1	前期繰越	✓	×××				
〃	( )	( )	( )				

仕入先元帳
株式会社山口商店

日付	摘要	仕丁	借方金額	日付	摘要	仕丁	貸方金額
				9/1	前期繰越	✓	×××
				〃	( )	( )	( )

〔解答〕

得意先元帳
株式会社島根商店

日付	摘要	仕丁	借方金額	日付	摘要	仕丁	貸方金額
9/1	前期繰越	✓	×××				
〃	(振替伝票)	(301)	(8,000)				

仕入先元帳
株式会社山口商店

日付	摘要	仕丁	借方金額	日付	摘要	仕丁	貸方金額
				9/1	前期繰越	✓	×××
				〃	(出金伝票)	(201)	(2,000)

〔解説〕

摘要欄には伝票の種類を記入し，仕丁欄には伝票番号を記入することがポイントとなる。

索　引

■著者紹介（執筆順）

岡部　勝成（おかべ　かつよし）　担当：第1章〜第4章，第8章，第16章〜第18章

編著者紹介参照

新野　正晶（しんの　まさあき）　担当：第9章，第10章，第19章〜第21章

1966年　広島県に生まれる
2005年　東亜大学大学院総合学術研究科経営管理専攻博士後期課程修了（博士〔学術〕）
現　在　広島文化学園大学社会情報学部教授
〔主要著書〕
『最新簿記原理─企業の取引処理』共著，同文舘出版，1999年
『簿記会計の基礎』共著，税務経理協会，1999年
『税務会計論』共著，五絃舎，2015年

堂野崎　融（どうのさき　とおる）　担当：第5章〜第7章，第11章〜第15章，

1979年　広島県に生まれる
2010年　広島文化学園大学大学院社会情報研究科博士後期課程単位取得満期退学
現　在　九州共立大学経済学部准教授
〔主要著書〕
『入門簿記のエッセンス』共著，中央経済社，2018年
『簿記の理論学説と計算構造』共著，中央経済社，2019年

■編著者紹介

岡部　勝成（おかべ　かつよし）

1962年　福岡県に生まれる
2008年　広島大学大学院社会科学研究科マネジメント専攻博士課程後期修了（博士〔マネジメント〕）
　　　　日本文理大学経営経済学部教授，岡山理科大学経営学部教授を経て
現　在　九州共立大学経済学部教授　税理士

〔主要著書〕

『キャッシュ・フロー会計情報と企業価値評価—九州地区の中小企業をめぐる実証分析—』税務経理協会，
　2010年
『簿記概論〔改訂版〕』共著，税務経理協会，2010年
『税務会計論』共著，五絃舎，2015年
『中小企業の会計監査制度の探究—特別目的的の財務諸表に対する保証業務』共著，同文舘出版，2017年
『税法学・税務会計論の要点—租税論をふまえての現代税現象の解明—』共著，五絃舎，2019年
『簿記の理論学説と計算構造』共著，中央経済社，2019年
『IFRSを紐解く』共著，森山書店，2021年

初級簿記セミナー

2021年9月30日　第1版第1刷発行

編著者　岡　部　勝　成
発行者　山　本　　　継
発行所　㈱中央経済社
発売元　㈱中央経済グループ
　　　　パブリッシング

〒101-0051　東京都千代田区神田神保町1-31-2
電話　03（3293）3371（編集代表）
　　　03（3293）3381（営業代表）
https://www.chuokeizai.co.jp
印刷／文唱堂印刷㈱
製本／誠　製　本㈱

©2021
Printed in Japan

※頁の「欠落」や「順序違い」などがありましたらお取り替えいたしま
すので発売元までご送付ください。（送料小社負担）
ISBN978-4-502-39781-3　C3034